U0681126

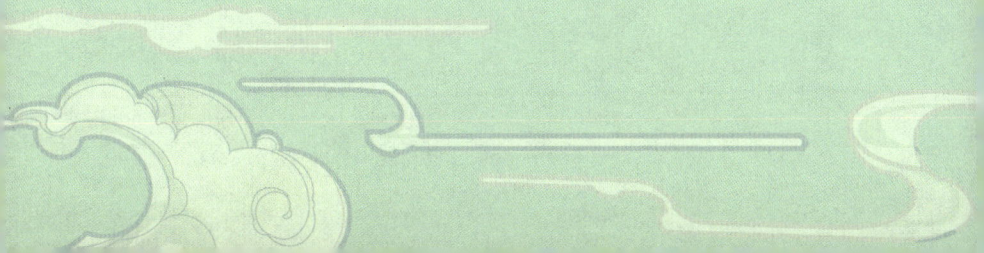

国学典籍那么好看

《孟子》有境界

孟琢 著

湖南少年儿童出版社
HUNAN JUVENILE & CHILDREN'S PUBLISHING HOUSE

小博集
BONBY KIDS

·长沙·

图书在版编目（CIP）数据

《孟子》有境界 / 孟琢著 . -- 长沙：湖南少年儿
童出版社，2024.8
（国学典籍那么好看）
ISBN 978-7-5562-7574-8

Ⅰ . ①孟… Ⅱ . ①孟… Ⅲ . ①《孟子》—少儿读物
Ⅳ . ① B222.5-49

中国国家版本馆 CIP 数据核字（2024）第 079429 号

GUOXUE DIANJI NAME HAOKAN 《MENGZI》YOU JINGJIE
国学典籍那么好看 《孟子》有境界

孟琢 著

责任编辑：唐 凌 张苗苗   策划出品：李 炜 张苗苗
策划编辑：张苗苗   特约编辑：张晓璐
营销编辑：付 佳 杨 朔   版式排版：马睿君
封面设计：利 锐   插画绘者：紫苏桃子姜 鸠米 qiu（QQ 15187223）

出 版 人：刘星保
出　　版：湖南少年儿童出版社
地　　址：湖南省长沙市晚报大道 89 号
邮　　编：410016
电　　话：0731-82196320
常年法律顾问：湖南崇民律师事务所 柳成柱律师
经　　销：新华书店
开　　本：875mm×1230mm 1/32   印　　刷：天津市豪迈印务有限公司
字　　数：69 千字   印　　张：4.5
版　　次：2024 年 8 月第 1 版   印　　次：2024 年 8 月第 1 次印刷
书　　号：ISBN 978-7-5562-7574-8   定　　价：29.80 元

若有质量问题，请致电质量监督电话：010-59096394
团购电话：010-59320018

户 籍 簿

姓 名 孟子

性 别 男

籍 贯 战国邹（今山东邹城）

生卒年 约前 372—前 289

朝 代 战国

身 份 曾任客卿

成 就 孟子是战国时期的思想家、政治家、教育家，是儒家学派的代表人物，和孔子一起并称"孔孟"，所以有"孔孟之道"的说法。孔子被称为"圣人"，孟子则被称为"亚圣"。

目 录

第一章

孟子是谁呀？

我们现在总说"孔孟""孔孟之道"，孔是孔子，孟是孟子。在儒家学派里，我们把孟子看成和孔子一样重要的代表人物，孔子被称为"圣人"，而孟子就被称为"亚圣"，也就是排位第二的圣人。那么，这么厉害的孟子是谁呢？他是孔子的弟子吗？

孟子姓孟，他的原名叫孟轲，字子舆（yú），"轲"和"舆"都和车有关①。因为他的思想影响了很多人，所以人们就用"子"来表示对他的尊敬，称呼他为孟子。

孟子是儒家学派中排位第二的重要人物，他将儒家学派发扬光大，在历史上有很大的影响力。那他是孔

①"轲"指具有两木相接的车轴的一种车。"舆"指车中装载东西的部分。

子一手教出来的学生吗？在鼎鼎大名的文化经典《论语》里，记录了孔子和弟子们讨论问题的各种故事，里面有孟子的身影吗？很遗憾，答案是没有。孟子并没有直接受教于孔子，因为他出生得实在是太晚了。

孔子去世于距今两千五百多年的公元前479年，他去世时已经七十多岁了。又过去约一百年，一个叫孟轲的小家伙才在邹地（今山东邹城）呱呱坠地。

虽然与孔子无缘相见，但孟子与孔子的缘分却似冥冥注定。

孟子的祖上是鲁国掌权的三大家族之一——孟孙氏。其中，孟僖（xī）子就很欣赏孔子的才学，特别吩咐两个儿子孟懿（yì）子和南宫敬叔跟着孔子学礼。虽然《论语》中没有出现孟子，但有他先辈的身影。孟懿子和他的儿子孟武伯都曾经向孔子请教什么才是孝道。

等孟子出生时，孟孙氏一族早已家道中落。他的人生轨迹，在很多地方上，都与孔子的如出一辙。他们都出身于一个家道中落的家族。在那个乱世里，他和孔子一样专心向学，虽然没有直接受教于孔子，但他继承了儒家学派的思想，自认是孔子的私淑①弟子。他曾和孔子一样周游列国，希望将仁和礼传递给天下万民，但也和孔子一样一生不得志，无法施展抱负。在战国时期，野心勃勃的国君们更希望听到能让国家迅速发展壮大、足以支撑自己称霸天下野心的学说，而不是听孟子的规劝，做一个用仁爱呵护万民的圣明君主。于是，不得志的孟子和孔子一样，将改变世界的激情和理想投入两个事业中。第一个是办学。孔子有弟子三千人，其中贤者七十二人。孟子呢？他出游时"后车数十乘，从者数百人"，后面浩浩荡荡跟着数百名弟子。第二个是著书。孟子和孔子一样，晚年发愤著书。写的是什么呢？孔子修订六经，即《诗》《书》《礼》《乐》《易》《春秋》。你可能会问，怎么没有最经典的《论语》呢？孔子讲究"述而不作"，他认为自己传达给众人的，只是先人们的智慧和思想，自己并没有什么创新之处，并不需要写下来。《论语》是孔子去世之后，他的弟子及后世弟子编撰的。那孟子写了什么呢？孟子和自己的弟子一起，撰写了《孟子》一书。

---

① 私淑，指未能亲自受教，但因敬仰而尊称对方为师。

宋朝程朱理学的代表人物朱熹，把《孟子》《论语》《大学》《中庸》合称为"四书"。孟子和孔子，他们的理想虽然在当时无法实现，但他们通过著书教学，让自己的思想世代相传，传递到每一个中国人的精神世界里，成为中国人的精神底色。

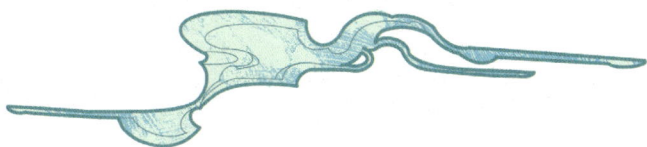

知识 拓展

孟子这么优秀，把他培养成才的妈妈是谁呢？她叫仉（zhǎng）氏，具体的名字已经无从知晓，现在我们都叫她孟母。

西汉文景[①]时期的《韩诗外传》[②]是最早记载孟母教子故事的书，其中记录了孟母"断织教子""东家杀豚""劝止孟子休妻"这三个故事。我们熟悉的"孟母三迁"，则出自西汉刘向的《列女传》。

你了解孟母教子的这四则故事吗？快去探寻一番吧！

---

① 汉文帝、汉景帝时期。汉文帝（前202—前157）和汉景帝（前188—前141）在位期间，推行无为而治的政策，减轻徭役和赋税，让百姓休养生息，使得社会生产得到恢复和较大发展，被称为"文景之治"。

②《韩诗外传》共十卷，作者是西汉韩婴。韩婴当时写了《内传》和《外传》，如今只有《外传》留存了下来。

第二章

孟子：做人最重要的是仁义

在这一章开始之前，我们提出这样一个问题：有钱的人和有德的人，究竟哪一类人能够成大事呢？仔细想一下，这个问题还真有点意思。钱是成事的外在资源，德是成事的内在条件，二者孰先孰后，确实值得思考。孟子将这个问题概括为"义利之辩"。现在，让我们翻开《孟子》第一篇《孟子见梁惠王》，看看孟子是怎么看待这个问题的吧！

　　梁惠王是何许人也？他是战国时期魏国的国君。在《孟子》中，他是一个非常重要的人物。为什么叫梁惠王呢？因为魏国的都城在大梁①，所以也叫梁国，魏惠王也可以叫梁惠王。梁惠王年轻的时候，非常骄

————————

① 在今河南开封市。魏惠王将都城从安邑迁到了大梁，大梁是当时最大的都市之一。

勇善战，这从他"王"的称号中就能看出来。当时的中原诸侯，尽管已经不怎么服从周天子的指挥，但是不敢轻易称王。战国时期中原诸侯称王的，梁惠王算是第一个，其实力可见一斑。据《史记·魏世家》记载，在即位十八年的时候，梁惠王直接打下了赵国的首都邯郸。要知道，即使强大如秦国，在长平之战后也拿不下邯郸，可见梁惠王和当时的魏国是多么厉害。

可是，四面出击的后果是四面树敌，见谁打谁的后果就是谁见谁打。到梁惠王晚年的时候，魏国的境遇已经十分被动。《孟子》中记载，梁惠王对孟子吐槽道："及寡人之身，东败于齐，长子死焉；西丧地于秦七百里；南辱于楚。"我们魏国曾经多么风光，可到寡人这里，东边败给齐国，连我的大儿子都搭了进去；西边丢掉了河西七百里的土地；南边又被楚国袭扰欺负——真是窝囊透了！这样的梁惠王见到孟子，心里怀着的是一种热切的复仇感。一见到孟子，他上来就问了个问题。

wáng yuē　　sǒu　 bù yuǎn qiān lǐ ér lái　　 yì jiāng yǒu
王　曰："叟！不远千里而来，亦将有
yǐ　 lì　wú guó hū
以利吾国乎？"

这个"叟"可不是今天我们说的"老头"。赵岐《孟子章句》[1]中说："叟，长老之称，犹父也。"扬雄《方言》[2]中说："东齐、鲁、卫之间，凡尊老谓之叟。""叟"的意思，基本上相当于"老人家"，这是一个很尊敬的称呼。梁惠王很诚恳地问：老人家，您大老远赶过来，能为我们魏国带来什么好处吗？请注意，这句问话的关键词是"利"，梁惠王对孟子的第一需求，是想得到一些好处。

从梁惠王本人的经历来看，这个需求还是很合理的，毕竟自己被欺负得太惨了，可不是要养精蓄锐，一雪前耻嘛！对一个垂垂暮年的老国君来说，这可能是他这辈子最大的心愿了。所以，梁惠王期待孟子的回答，是富国强兵、秣马厉兵、报仇雪恨的良计妙策，但想不到的是，孟子一上来就给他泼了一盆冷水。

mèng zǐ duì yuē wáng hé bì yuē lì yì yǒu rén yì
孟子对曰："王何必曰利？亦有仁义

---

① 赵岐是东汉时期的学者，《孟子章句》是目前最早的关于《孟子》的注释。

② 扬雄是西汉时期的学者、文学家，善于作赋，《方言》是记载当时各地方言词语的一部著作。

ér yǐ yǐ
而已矣。"

孟子说：大王要什么好处啊？咱们要讲仁义，不要讲利益。设身处地想一想，孟子的这段话，其实是很直接的。梁惠王本来满怀期待，听到这话该怎么想呢？好嘛，我身为一国之君，对您又如此尊重，怎么还给我来这么一出，莫非是在取笑寡人不成？所以，孟子有必要对自己的这番话进行解释，扭转梁惠王的思路。我们看，孟子是这样说的：

wáng yuē   hé yǐ lì wú guó   dà fū   yuē   hé
王曰："何以利吾国？"大夫①曰："何

yǐ lì wú jiā   shì shù rén yuē   hé yǐ lì wú shēn
以利吾家？"士庶人曰："何以利吾身？"

shàng xià jiāo zhēng lì   ér guó wēi yǐ
上下交征利，而国危矣！

孟子这番话，其实是接着梁惠王"利吾国"的话头，将其演绎了一番。孟子提到了当时诸侯国内的三

---

① 先秦时期贵族的称谓。

类人。首先是国君，国君下面是大大小小的贵族，贵族下面是比较低等的士人，他们出身卑微，常常又跟普通老百姓（庶人）归为一类。这是春秋战国时代基本的社会层级结构。国君、贵族、士庶人各有各的取利之处，如果他们都想要好处、要利益，那会怎么样呢？

国君说，我要获得利益！贵族和士庶人也都纷纷仿效。贵族说，我不满足于现在的财富与权力，那怎么办呢？干脆直接把国君干掉。下层士人说，我穷得叮当响，你们这群贵族却在吃喝玩乐，我也想要过这样的日子，所以把贵族也干掉好了！这就是所谓"交征利"。整个国家，从上到下，每一个阶层都想捞好处，都想把上头的人干掉，那整个社会还能有序稳定吗？所以一定是"国危矣"，这个国家就非常危险了。

以上，就是孟子推演的所有人都追求"利"的后果。

孟子这么一说，梁惠王的脸色立马就变了。为什么呢？这正好切中了梁惠王心中一个极大的痛点，因为魏国就是这么起家的！在春秋战国历史上，有一件影响极为深远的大事，那就是"三家分晋"。春秋时期强盛的晋国，到了春秋后期，国家政权基本已被有权势的卿大夫把持。在春秋末年，最强的三家贵族——赵、魏、韩——合起伙来，废掉晋国国君，把晋国一分为三，史称"三家分晋"。可以看到，晋国的灭亡与国君、大臣篡权求利有着极为密切的关系。魏本来是卿大夫，在这个过程中摇身一变，成了国君，这就是大夫"交征利"而灭掉国君的现成例子。在这里，孟子的意思没有完全明说：追溯魏国的起源，如果没有一个追求利益的过程，没有一个上下抢夺的过程，也就根本没有魏国，更没有你梁惠王。现在好了，你梁惠王成了国君，难道希望看到魏国把这套"交征利"的流程再走一遍，再跳出来一个篡位者把你灭掉吗？对梁惠王来说，这段弦外之音无疑是极其恐怖的。因此，听罢孟子的话，梁惠王哑口无言。

孟子否定了梁惠王的想法。那么，不追求利益该怎么办呢？孟子给出了掷地有声的答案，要讲究仁义之道！只有仁义之道，才可以从根本上扭转"交征利"带来的征伐危险。

wèi yǒu rén ér yí qí qīn zhě yě　wèi yǒu yì ér hòu
未 有 仁 而 遗 其 亲 者 也 ， 未 有 义 而 后
qí jūn zhě yě
其 君 者 也 。

"仁""义"在这里互文①。没有一个讲究仁义的人会伤害和遗弃他的亲人，没有一个讲究仁义的人会轻易背叛他的君主。只有讲仁义、讲道德，才能上下和睦、国家安定。在孟子看来，一个国君最应该追求的，不是利益，而是关怀百姓、讲求道义。这是一个国君能够通过自己的努力实现的，也是治理国家的根本。

关于仁义之道，在《孟子》中还有另外一句非常有名的话：

tiān shí bù rú dì lì   dì lì bù rú rén hé
天 时 不 如 地 利 ， 地 利 不 如 人 和 。

我们现在用到"天时地利人和"，讲的是做成一件事需要时间好、地点对，人也对。孟子这句话本来的意思是说：一个国家风调雨顺，比不上地势险峻、城池坚固；城墙再高，城池再深，也比不过人民的团结和睦。如果国君众叛亲离，即使坐拥最好的天时、地利，这个国家也还是要完蛋的。怎样才能获得"人和"

———————

① 互文是指两个句子在内容上关系密切，相互呼应，又相互补充。

呢？孟子接着说："得道者多助，失道者寡助①。寡助之至，亲戚畔②之。多助之至，天下顺之。"一个有道德、讲仁义的人，一定会有很多人来帮忙；而那些没有道德、不讲仁义的人，大家都不会来帮助他。这种"寡助"到了极点，即使是他的亲戚都会背叛他。而那些讲仁义的君主，能够不断感化更多的人，到最后全天下都顺服于他。

两边的对比极其鲜明，孟子说："以天下之所顺，攻亲戚之所畔。故君子有不战，战必胜矣。"这边有天下之助，那边众叛亲离，谁赢谁输，岂不是一目了然！这样团结的国家，有着极其强大的凝聚力，全天下怎么会有对手呢！孟子后来对梁惠王说的"仁者无敌"，也是这个意思。

孟子开宗明义，点出了义利之辩的大问题——什么是我们做人做事的起点，什么是君主治理国家的起点。答案不是追求利益，而是要实现仁义。追求利益的后果是背离仁义，最后连这点利益也会丢掉；而追求

---

① 衍（yǎn）生出成语"**得道多助，失道寡助**"。
② "畔"通"叛"，指背叛。

仁义到了最后，自然能够实现天下最大的利。《周易》①中说："义者，利之和也。"这是说，义是利的根本，义能够使人人得利、各得其所，由此实现源自和谐状态的、真正的利。因此，孟子始终坚持以仁义统利，这是孟子思想中很重要的一点。

讲完了孟子的思想，我们再回过头来看，孟子是如何辩论的。在与梁惠王的对话中，孟子使用了切入痛点法。在泼了梁惠王一盆冷水之后，孟子能够说服梁惠王的关键，在于戳中了梁惠王"得国不正"的痛点，从而达到扭转乾坤的效果。孟子顺着这个痛点，找到最关键的论述角度，一语道破，直击问题的本质。这种高超的辩论技巧在《孟子》中经常出现。在阅读《孟子》的时候，我们除了领略其思想的敏锐和深邃，对这些颇具机锋的语言技巧，也是可以多加关注的。

①《周易》简称《易》，是古代经典之一，内容包括《易经》《易传》。很多人以为《周易》里就是讲八卦、讲怎么算命，其实并不是，其中蕴含着古人对天人之道的思考。

周天子式微之后，原本老老实实的诸侯们都按捺不住，开始争霸，拉开了乱世的序幕。各国彼此征伐，连年不休，弄得百姓民不聊生。于是，人们纷纷开始思考，如何才能结束这乱世，于是有了儒家、道家、法家等不同学派之间的争论，称为"百家争鸣"。

对于这个问题，孔子和孟子代表的儒家学派有自己的看法。儒家学派的创始人孔子认为，周朝还有之前的尧、舜、禹的时代，都是好时代，那时候的天子推行王道，万民归心。导致乱世的原因是礼崩乐坏，大家都不讲究礼的秩序了，君主不像君主，臣子不像臣子，父亲不像父亲，儿子不像儿子，大家为了利益和欲望，僭越了自己应该在的位置。想要结束乱世，就该恢复周朝的礼仪制度，大家各安其位，不要僭越。

孟子继承了孔子的思想，但又进了一步。他没有孔子那么强调等级观念，而是更强调仁政。他觉得君主要做到广施仁政，制定国家政策时，心怀普通百姓。只有这样才能"得道者多助"，全天下也才会臣服于君主，乱世才能终结。

　　你觉得孔子和孟子谁说的对呢？你还知道其他派别在这个问题上的思考吗？你认为他们的观点怎么样？

第三章

五十步能不能笑话百步呢？

你一定听过这样一个成语：**五十步笑百步**。意思是说，当你和对方有着同样的缺点时，就不要笑话人家的缺点比自己严重了——都是乌鸦，何必计较谁黑得深、谁黑得浅呢?! 这个成语出自孟子和梁惠王的对话。那么，五十步究竟能不能笑百步呢？如果不能，理由何在？接下来，让我们回到孟子与梁惠王对话的历史情境中，来探讨一下上面这两个问题吧！

　　上一章中讲到，梁惠王见到孟子，张口就问"何以利吾国"，结果在孟子那儿碰了钉子。这次，梁惠王想讲一讲他治国的经验和困惑，来征求孟子的建议。

　　　liáng huì wáng yuē　　　　guǎ rén zhī yú guó yě　　　jìn xīn yān
　　梁　惠　王　曰："寡　人　之　于　国　也　，　尽　心　焉
　ěr　yǐ
　耳　矣。"

"寡人"是国君的自称，类似的称谓还有"余一人""孤"等，国君虽然高高在上，但也不免有些孤独。梁惠王说：我对于这个国家，可以说是尽心尽力了。他仿佛是在炫耀这几十年的执政经历：孟子您看，我这个国君其实还是很称职的。这时候，孟子心里大概在冷笑：你怎么就尽心尽力了呢？我倒要看看你接下来怎么说。

　　于是，梁惠王开始吹嘘：

　　hé nèi xiōng　zé yí qí mín yú hé dōng　yí qí sù yú
　　河内凶，则移其民于河东，移其粟于
　　hé nèi　　hé dōng xiōng yì rán　　chá lín guó zhī zhèng　wú rú
　　河内；河东凶亦然。察邻国之政，无如
　　guǎ rén zhī yòng xīn zhě
　　寡人之用心者。

　　在这里，需要补充一下战国的地理知识。当时黄河从北到南，纵贯魏国的领土，把魏国分为两个部分。黄河以西的地方叫作河西，也叫河内；黄河以东的叫作河东。受黄河阻隔的影响，两边的交通和物资运转很不方便。所以梁惠王吹嘘道：我这个国君，能够动用国家机器。河内碰到灾荒凶年，百姓吃不上饭，我就把当地的百姓迁移到河东，把河东相对充足的粮食转运到河内；要是河东发生灾荒，办法也是一样的。对于这一政绩，梁惠王得意扬扬：看看其他国家的执政者，哪有像我这么用心的?! 可是结果如何呢?

lín guó zhī mín bù jiā shǎo   guǎ rén zhī mín bù jiā duō
邻 国 之 民 不 加 少 ， 寡 人 之 民 不 加 多 。

梁惠王本以为自己这样做，别国的百姓就会纷纷来投奔自己。但实际情况是，梁惠王这儿的百姓不见多，其他国家的百姓不见少。他的话里分明透露出一种委屈：我一心为民，呕心沥血，为什么这些百姓一点都不领情、不懂事呢? 孟子，您给评评理，怎么能够这样呢?!

说到这儿，你觉得梁惠王是一个好君主吗? 譬如说，你是魏国的一个小百姓，住在国家西边，穷得都吃不上饭了。这时候，梁惠王出现了，说道：来来来，寡人帮帮你，把你送到魏国的东边要饭。或者他随手给你几个馒头就算了。这样的国君你满意吗? 能满意就见了鬼了！老百姓的愿望不是要饭，而是真正过上好日子。凭什么把我们当成叫花子打发掉就完事了？但梁惠王似乎并不明白这一点，甚至还有些沾沾自喜：寡人为你们考虑了这么多，多少给你们一口饭吃，你们怎么就是不懂得我的好呢？他压根不去反思，到底是因为什么让魏国百姓成了叫花子。

面对这样一个不懂底层百姓疾苦的君主，孟子该怎样让他明白呢？如果挑明了说：您做得不好，您实在太差了；或者说，这您就满足了。这恐怕会伤害梁惠王作为国君的自尊，激发他的逆反心理，使游说适得其反。所以，孟子没有强讲道理，而是打了一个比方，给梁惠王描述了一个非常精彩的小故事。

mèng zǐ duì yuē　　wáng hào zhàn　　qǐng yǐ zhàn yù
孟　子　对　曰：“王　好　战，　请　以　战　喻。

tián rán gǔ zhī　　bīng rèn jì jiē　　qì jiǎ yè bīng ér zǒu
填　然　鼓　之，　兵　刃　既　接，　弃　甲　曳　兵　而　走。

huò bǎi bù ér hòu zhǐ　　huò wǔ shí bù ér hòu zhǐ　　yǐ
或　百　步　而　后　止，　或　五　十　步　而　后　止。　以

wǔ shí bù xiào bǎi bù　　zé hé rú
五　十　步　笑　百　步，　则　何　如？”

孟子说，您不是喜欢打仗吗？我就用打仗给您做个比喻。"填然"是一个拟声词，形容战鼓沉闷而厚重的声音。填然鼓之，咚咚咚咚，战鼓敲起来了；兵刃既接，当当当当，两边的兵器已经碰起来了。这两个短句节奏十分紧凑，形象地勾勒出两军交战时的紧张场景。

这时候，梁惠王的战士怎么样了呢？弃甲曳兵而走，要逃跑。这里的描写非常生动，我们设想一下，想要逃跑逃得快，首先要做的就是减轻自己的重量。刘邦被项羽追杀的时候，不也把自己的一双儿女踹下车了吗！这个逃跑的战士，把身上的铠甲给脱掉了，顺便把手中的兵器扔在地上，拖在后面跑，让敌人不能轻易追上自己。这个"走"字，古文字写作""，下面是一只脚，上面是一个摆臂的人形。人在急速奔跑的时候，胳膊急速摆动，跑得越快，摆动就越频繁。"走"在古代汉语里，正是"疾跑（快速跑）"的意思。

就这样，梁惠王的战士们把铠甲一扔、兵器一拖，撒腿就跑。有意思的是，战士们逃跑的距离不一样。有的人跑了一百步停下来了，有的人只跑了五十步。

问题来了，跑五十步的人去笑话那个跑一百步的人，这样可以吗？

这就是"五十步笑百步"的来历。听到这里，梁惠王眉头都皱起来了：这怎么行，不管跑了多少步，说破天不都是逃跑吗？临阵脱逃，还敢分三六九等？说到这儿，孟子的话锋就转过来了。

　　　yuē　　wáng rú zhī cǐ　　zé wú wàng mín zhī duō yú lín
　　曰："王 如 知 此， 则 无 望 民 之 多 于 邻
guó yě
国 也 。"

孟子说，您既然知道五十步笑不了百步，那么就别指望自己的国家比其他国家更能招揽百姓了。为什么呢？

　　　gǒu zhì shí rén shí ér bù zhī jiǎn　　tú yǒu è piǎo ér
　　狗 彘 食 人 食 而 不 知 检， 涂 有 饿 莩 而
bù zhī fā　 rén sǐ　　zé yuē　　fēi wǒ yě　　suì yě
不 知 发， 人 死， 则 曰："非 我 也， 岁 也 。"
shì hé yì yú cì rén ér shā zhī　　yuē　　fēi wǒ yě　　bīng
是 何 异 于 刺 人 而 杀 之， 曰："非 我 也， 兵
yě　　wáng wú zuì suì　　sī tiān xià zhī mín zhì yān
也 。" 王 无 罪 岁， 斯 天 下 之 民 至 焉 。

孟子试图揭开"尽心焉耳矣"的面具之下，魏国境内血淋淋的事实。梁惠王确实在不遗余力地转运粮食和人口，但是这种"尽心"恐怕没有触及人民悲惨生活的根源。魏国贵族的生活奢侈，"庖有肥肉，厩有肥马"，"庖"是厨房的意思，厨房里有肥肉，马厩里有膘肥体壮的骏马，连贵族老爷家养的宠物狗，都跟人吃一样的粮食。与此同时，百姓们却食不果腹，饿死在颠沛流离、四处迁徙的路上，栽倒在路旁的水沟里。你梁惠王放着这样的悲惨场景不管不顾，不去反思自己的奢靡暴政给百姓强加的痛苦，却去吹嘘什么"移其民于河东，移其粟于河内"，这难道不是有些滑稽吗？

而且，都到这个时候了，梁惠王仍将民情凄惨的根源归结到"河内凶"，也就是遭遇灾荒、年成不好上，这难道不是在推卸责任吗？这样一个骄奢淫逸、不知悔改的君主，还指望百姓念你的好，投奔你，做梦吧?! 什么时候你不再责怪年景，而是考虑自己作为君主应尽的责任，百姓才会真正来到你的身边。在孟子的这一番话中，又用了一个比喻，彻底把梁惠王的行径摆在了明面上，语气颇为痛切。

孟子的思想非常清晰，一个国君需要尽到体恤百姓的责任，严格要求自己。老百姓过不好日子，不怨老天，就怨你们这些高高在上、尸位素餐①的君主。这一思想与孔子一脉相承，要求贵族统治者以身作则，真正做到"其养民也惠，其使民也义"。略有区别的是，孔子的语气相对温和，而孟子则毫不客气地批评了那些昏庸无道的国君，堂堂正正地为民请命。这是孟子作为一个儒家大师的铮铮铁骨！

孟子之所以这么做，一个重要原因是，战国时候的百姓生活得实在太苦了。孟子曾这样描述当时平民的生活境遇："老弱转于沟壑，壮者散而之四方""父子不相见，兄弟妻子离散②"。战国诸侯频繁发动战争，使得百姓为他们送死，连年的战争又带来了无尽的贫困。于是，老弱病残成片成片地死去，尸体被扔进路边的水沟；身体稍微壮实的就四处流浪讨饭。家人离散，至

---

① "尸位"指空占着职位，不发挥自己职位应尽的作用；"素餐"指白吃饭。这个成语指空占着职位却不做事。

② 衍生出成语"**妻离子散**"。

死不能相见。以至于彼时如果出现一个不喜欢杀人的君主，天下百姓都会伸着脖子往那里张望。这是多么残酷的现实！

孟子看着老百姓的悲惨生活，他的内心是颤抖的。他的悲悯与同情，赋予他一种堂堂正正、坚刚不屈的大丈夫气概，他勇敢地批判那些残暴的统治者，为天下受苦受难的百姓发出痛切的呼号。以民为本，是孟子"仁政"论的核心，也是孟子思想的根本底色。在苏秦、张仪、公孙衍等人①横行天下的时候，敢于为百姓发声的孟子，堪称知识分子的良心代表。

讲完了孟子的思想，我们再回头看一看，孟子在游说梁惠王的时候，有着怎样的辩论智慧呢？可以看到，孟子在这一段对话中使用了形象譬喻法，运用了两个精彩的比喻，把深奥的道理转换为浅显易懂的形象表述，让人印象深刻，一下子就能明白。"五十步笑百步"就是这样一个精彩的譬喻，流传至今，成了一个脍炙人口

① 他们都是当时的纵横家，是从事政治活动的谋士。苏秦、公孙衍都主张联合各诸侯一起抗击秦国，张仪则帮着秦国瓦解反秦联盟。纵横家们追求的是在乱世之中封侯拜相，博得一番伟业。

的成语。在《孟子》中，这样的譬喻和成语非常丰富。像缘木求鱼、水深火热、杯水车薪等，都有着极其传神的表达效果。它们沉淀在我们的汉语中，成为人们习用的经典语词。

类似的句子，大家可以试着在《孟子》中找一找，从中体味孟子语言表达的生动与巧妙。

看到百姓疾苦，为他们奔波、推行仁政的孟子，犹如散发人性光辉的耀眼太阳。

和他一样让人敬佩的，还有喊出"朱门酒肉臭，路有冻死骨"的诗人杜甫。杜甫为什么被称为"诗圣"，而不是其他称谓，因为有才华的人可以是"诗仙""诗鬼"，但只有心中随时装着黎民苍生的人，才能称为"诗圣"。

第四章

不忍心杀牛是仁慈吗？

《齐桓晋文之事》是《孟子》中极为重要的一章，阐述了仁心与仁政的关系。在这一章中，与孟子对话的人物变成了齐宣王。孟子在一生中，主要面对三位国君——梁惠王、齐宣王、滕文公，他们的性格和处境都非常不一样。与垂垂老矣、报仇心切的梁惠王不同，齐宣王是一位年轻气盛、好大喜功的国君。当时齐国国力正盛，齐宣王对开疆拓土抱着极大的野心。见到孟子之后，他开门见山地抛出了一个大问题。

　　齐宣王问曰："齐桓、晋文之事可得闻乎？"

　　什么是"齐桓晋文之事"呢？齐桓、晋文，分别指齐桓公和晋文公，他们是"春秋五霸"①中的前两位国君。赵岐《孟子章句》中说："五霸者，大国秉直道以率诸侯。"所谓"霸"，指的是能够以自身力量领导诸国的强大诸侯，在天子大权旁落之时，他们是真正的权力掌控者。齐桓公"九合诸侯，一匡天下"，多次召集诸侯会盟，称霸天下；晋文公则在城濮之战中驱逐强楚，号令中原。齐宣王想要问问他们的故事，言外之意是说，要效法他们争夺天下的霸主地位。简单一句话，一位野心勃勃的年轻国君的形象跃然纸上。

不过，孟子对此却不以为意，他的回答轻描淡写。

　　　　mèng zǐ duì yuē　　zhòng ní zhī tú wú dào huán wén zhī
　　孟 子 对 曰："仲 尼 之 徒 无 道 桓 文 之
shì zhě　　shì yǐ hòu shì wú chuán yān　　chén wèi zhī wén yě
事 者，是 以 后 世 无 传 焉，臣 未 之 闻 也。
wú yǐ　　zé wàng hū
无 以，则 王 乎？"

请注意，这里涉及了孟子思想中一组很重要的关

---

① "春秋五霸"，一说是齐桓公、宋襄公、晋文公、秦穆公和楚庄王，一说是齐桓公、晋文公、楚庄王、吴王阖闾和越王勾践。

系——王霸之辩。在孟子看来，尽管王道和霸道都能实现对天下的统领，但二者有本质的高下之分。王道的核心是仁义，霸道的核心是武力。仁义的感化能够使人心悦诚服，武力的压制只能使人因畏惧而屈服，所谓"以力服人者，非心服也，力不赡[1]也；以德服人者，中心悦而诚服也[2]"。靠武力使人服从，人们不是真心服从，只是自身的力量还无法反抗罢了；靠德行使人服从，人们则会诚心诚意地服从。所以，按照孟子的观点，五霸是"三王之罪人"，春秋五霸都不过是三代帝王的罪人。大禹、商汤、周文王和武王，这

---

[1] "赡"在这里指丰富、充足。
[2] 衍生出成语"心悦诚服"。

些先王以仁政君临天下，春秋五霸则是用霸道（武力）统治国家，背弃了三王的仁政，离理想的王道境界差得很远。

因此，面对齐宣王的问题，孟子没有作答，而是转换了主题：齐桓晋文之事什么的，在我们儒家看来其实不足挂齿，咱们不讲霸道，还是讲讲王道吧！随着话题的变换，孟子抓住了对话的主动性，齐宣王还真就顺着孟子的思路过来了。

齐宣王问孟子，什么是王道？孟子直截了当地回答。

yuē　　bǎo mín ér wàng　　mò zhī néng yù yě
曰："保民而王，莫之能御也。"

孟子说，行王道很简单，只要能够真正保护好自己的人民，就"仁者无敌"，谁也挡不住你。在这里，"敬天保民 ①"是西周以来的政治传统。《尚书·康诰》中说："古先哲王，用康保民""若保赤子，惟民其康

———————

① 这是周朝大政治家、思想家周公（姬旦）提出的思想，指上苍是否保佑一个君王的统治长长久久，主要是看这个君王有没有德行。敬畏上苍就要敬畏德行，敬畏德行就要关怀百姓。

义"。古代的圣王保民安康，后代的统治者们应该像他们一样，像保护刚刚出生的婴儿一样保护人民，使老百姓安居乐业。

这一道理非常朴实，但历数古往今来的统治者，真正能够践行的却不多。齐宣王本人对此也有点心虚，他很清楚，自己大兴土木、东征西战，给百姓带来了不小的麻烦。于是，齐宣王怯生生地接着发问了。

yuē　　ruò guǎ rén zhě　　kě yǐ bǎo mín hū zāi
曰："若寡人者，可以保民乎哉？"

yuē　　kě
曰："可。"

yuē　　hé yóu zhī wú kě yě
曰："何由知吾可也？"

孟子斩钉截铁，给出了肯定的回复。此时此刻，齐宣王的心情有些复杂：一方面，孟子的回答小小地满足了齐宣王的虚荣心，让他非常开心；另一方面，齐宣王也在犯嘀咕，自己明明做了那么多劳民伤财的事情，孟子怎么就说自己能"保民而王"呢？所以，他要求孟子给一个解释，说说自己为什么能够做到。

孟子还是没有直接回答齐宣王的问题，而是再次把话题岔开，谈起了前几天发生的一件小事。

　　曰："臣闻之胡龁曰：王坐于堂上，有牵牛而过堂下者，王见之，曰：'牛何之？'对曰：'将以衅钟。'王曰：'舍之！吾不忍其觳觫，若无罪而就死地。'对曰：'然则废衅钟与？'曰：'何可废也？以羊易之。'不识有诸？"

　　衅钟，指古代大钟刚落成时，用牲血涂抹器物缝隙的祭祀仪式。在衅钟礼上，一头既不幸又幸运的牛被选中了，用它的血来涂抹器物。这头牛是不幸的，因为它即将献出生命，成为祭祀的牺牲；这头牛又是幸运的，因为它在觳觫时——因为害怕而哆哆嗦嗦的时候——恰好遇到了善心大发的齐宣王。

齐宣王看到牛瑟瑟发抖的样子，好像没有罪过却要被杀头的犯人一样，不禁心生怜悯，下令把牛放掉。但祭祀的事情又不能放弃，于是换了一只羊，完成祭祀。就这么一件事情，齐宣王听完非常纳闷：这和王道有什么关系呢？孟子却对齐宣王说：有关系！这份心意，就是王道的基础！

　　曰："是心足以王矣。百姓皆以王为爱也，臣固知王之不忍也。"

　　王曰："然，诚有百姓者。齐国虽褊小，吾何爱一牛？即不忍其觳觫，若无罪而就死地，故以羊易之也。"

　　曰："王无异于百姓之以王为爱也。以小易大，彼恶知之？王若隐其无罪而就死地，则牛羊何择焉？"

wáng xiào yuē shì chéng hé xīn zāi wǒ fēi ài qí cái

王 笑 曰 ："是 诚 何 心 哉 ？ 我 非 爱 其 财

ér yì zhī yǐ yáng yě yí hū bǎi xìng zhī wèi wǒ ài yě

而 易 之 以 羊 也 ， 宜 乎 百 姓 之 谓 我 爱 也 。"

齐宣王以羊易牛的事，很快就传开了。与孟子的肯定不同，百姓们的看法是，我们的大王用便宜的羊换掉贵重的牛，实在是太吝啬了。面对这种议论，齐宣王有苦说不出，自己分明是看见牛发抖，而起了不忍之心，当时也没权衡牛羊谁贵谁贱啊！再说了，齐国尽鱼盐之利，冠带衣履天下 ①，地大物博，无所不有，自己至于舍不得一头牛吗？

齐宣王很委屈，孟子更狠狠地"捉弄"了一下他。您看见的那头牛固然可怜，但莫名其妙被拉过去杀掉的羊就不可怜吗？想象一下，这只羊早上看见牛哆哆嗦嗦地被拉去祭祀了，心里应该是窃喜的——幸亏不是我。过了一会儿，牛笑嘻嘻地回来了：今天走运，换你了。结果呢，羊被拉去杀掉了。站在羊的视角来看，属实

---

① 齐国临海，捕鱼、晒盐很便利，很有利润，它的服饰也很出名，行销各大诸侯国。

倒霉透了。你说你是怜悯哆嗦的牛，但对同样濒死的羊置之不理，谁信啊?! 听罢此话，齐宣王真的是无语了：得，这样一说，我这吝啬的帽子确实摘不掉了。

齐宣王有些尴尬，但孟子接着给了齐宣王一个非常漂亮的解释，让他一下子振奋起来。

yuē wú shāng yě shì nǎi rén shù yě jiàn niú wèi
曰："无 伤 也， 是 乃 仁 术 也， 见 牛 未

jiàn yáng yě jūn zǐ zhī yú qín shòu yě jiàn qí shēng bù
见 羊 也。 君 子 之 于 禽 兽 也， 见 其 生， 不

rěn jiàn qí sǐ wén qí shēng bù rěn shí qí ròu shì yǐ
忍 见 其 死； 闻 其 声， 不 忍 食 其 肉。 是 以

jūn zǐ yuǎn páo chú yě
君 子 远 庖 厨 也。"

孟子说，没关系，您的这份心意就是仁术了。至于为什么救牛不救羊，很简单："见牛未见羊也。"齐宣王看到牛哆嗦的样子，心软了，救了它。那为什么不救羊呢? 是因为等到羊哆嗦的时候，齐宣王已经走了。所以啊，以羊易牛的动机不是吝啬，而是出于内心的柔软。这种不忍之心，正是"仁"的表现。君子见到家禽和野兽活着，就不忍心看到它们死去，听到它们被宰杀时的

声音，就不忍心吃它们的肉。所以，君子会远离厨房。这可不是不爱做家务，而是由于心中的不忍。

听孟子这样一说，齐宣王一下子感觉得到了解脱，甚至当场吟了两句诗。

王说，曰："《诗》云：'他人有心，予忖度之。'夫子之谓也。夫我乃行之，反而求之，不得吾心。夫子言之，于我心有戚戚焉。此心之所以合于王者，何也？"

齐宣王说，《诗经》里说"别人的心思，我能揣测到"，这句话说的就是您这样的人啊。我做了这件事，却不知道自己为什么要这样做，到底出于怎样的心理。听您这么一说，我是又通透，又明白，特别舒服，特别得劲，真是痛快极了。从齐宣王的话里，可以看到孟子言谈的厉害之处。他一步步走进齐宣王的内心，将齐宣王的心理活动抽丝剥茧地解析出来，从而获得了齐宣王由衷的理解和共鸣。作为一个辩论大师，孟子是善于解读别人内心世界的高手。

话说到这儿，孟子似乎还没有正面回应齐宣王的问题：为什么寡人能行王道呢？于是，孟子接着上面的话题往下延伸。

"今恩足以及禽兽，而功不至于百姓者，独何与？然则一羽之不举，为不用力焉；舆薪之不见，为不用明焉；百姓之不见保，为不用恩焉。故王之不王，不为也，非不能也。"

孟子说，您内心的柔软，可以让您善待一头牛，那为什么不能善待您的百姓呢？是因为您没有用心啊。倘若您能够将这份心意推广到百姓之中，那么"保民而王"怎么会做不到呢？您现在之所以没有实现王道，不是能力不够，而是没有去做。这样一说，孟子升华了"以羊易牛"的话题，为王道打开了一条实践之路，齐宣王彻底服气了。

　　请注意，孟子在这里揭示出王道的两个关键。第一，王道仁政的基础来源于每一个人的内心，也就是我们心中本能的善良。孟子说："人皆有不忍人之心。先王有不忍人之心，斯有不忍人之政矣。以不忍人之心，行不忍人之政，治天下可运之掌上。"每个人都有怜悯体恤他人的仁心。古代的圣王因为有了这样的仁心，所以才有怜悯体恤百姓的仁政。用仁心去施行仁政，天下就好像在手掌上一样，很容易被治理好。在这里，孟子将仁政牢牢地安放在了每一个人内在的本然之善上。第二，从不忍人之心到不忍人之政，需要王者的"推"。将怜悯之心由身边的人和事推向全体民众，完成从仁心到仁政的实现。不忍人之心对应孟子的四端。什么是四端？孟子提出："恻隐之心，仁之端也；羞恶之心，义之端也；辞让之心，礼之端也；是非之心，智之端也。"恻隐之心、羞恶之心、辞让之心、是非之心这四种人天生具备的本心，是仁、义、礼、智四种美德的萌芽。不忍人之心，也就是恻隐之心，是连接孟子人性论和仁政论的枢纽，这是孟子思想中最为精妙的地方。孟子试图传达给齐宣王的思想，正在于此。

回顾这一段对话，可以看到，孟子在辩论时使用了细节切入法。他不是单刀直入，而是通过鲜活的细节与真挚的情感，与对方拉近距离。通过细节感染他人，唤起对方发自内心的共鸣。孟子对人之本性有着极为深刻的洞察，这与他对人心人情的体察入微，也有着隐隐的联系吧。

怎么样才是好的政治，是真正的王道？对于这个问题，每个人的思考并不相同。即便同属儒家学派的孟子和荀子，他们俩的观点也不一样。

孟子心中的理想王道，是国君成为道德典范，心怀仁义，尊敬贤人，重用有能力的人，减少刑罚，降低赋税，重视民生，教导百姓孝悌忠信的道理。这样一来，不论是本国的子民，还是其他国家的子民，都会乐于在他的带领下生活，视国君为父母。

荀子觉得，孟子想得太美好，面对现实社会，他更注意实操。他认为国君除了仁义之外，也需要法律制度来规范人民的行为，保障社会的运转，法与礼都是国家成立的根本。国君需要强大的军事力量，这不是为了征伐，而是为了捍卫王道。

你觉得一个国君应该怎样治理国家呢？对于孟子和荀子的观点，你有怎样的思考呢？

第五章

「有病」的国君可以行仁政吗？

孟子一生中游说过许多国君，与齐宣王的交锋无疑是最具有趣味性和挑战性的。作为一个追慕"齐桓晋文之事"的君主，野心勃勃的齐宣王可不像老实平和的滕文公那样，能够乖乖听进孟子的话。所以，面对孟子一整套仁政爱民的思想时，齐宣王自知辩论不过，想出了许多办法加以逃避。

这一次，齐宣王甚至不惜贬低自己，干脆说出了"我有病"这样的话。

王曰："大哉言矣！寡人有疾，寡人好勇。"

在先秦语言中，"疾"和"病"是不同的，前者泛指一般的疾病，后者则专指重症。齐宣王说"寡人有疾"，用今天的话说就是"我有病"。齐宣王的病是什么呢？按他自己的说法，是"好勇"，也就是好战，喜欢对别的国家发动战争。这个毛病跟年轻时候的梁惠王倒是有点像。齐宣王对孟子说，您说得固然很好，但我好战的毛病确实改不掉，恕难从命。他试图以自暴自弃的"阿Q"方法，来回避孟子的劝说。面对这种情形，孟子该怎么办呢？

对曰："王请无好小勇。夫抚剑疾视曰：'彼恶敢当我哉？'此匹夫之勇，敌一人者也。王请大之。"

孟子说，您生性好战，这没问题，但您应当把"勇"的层次提高一些，不要追求那些"小勇"。所谓小勇，好比手里拿着剑，瞪着人，像当年拦住韩信的小混混那样："彼恶敢当我哉？"你敢拦我的路吗？这种层次的勇，在孟子看来不过是匹夫之勇，好勇斗狠，只能算"敌一人者也"。那么，什么样的"勇"可以称作大勇呢？孟子引经据典地指出，要追求大勇，就要向当年的周文王、周武王学习。

　　《诗》云："王赫斯怒，爰整其旅，以遏徂莒，以笃周祜，以对于天下。"

　　《书》曰："天降下民，作之君，作之师。惟曰其助上帝宠之。四方有罪无罪惟我在，天下曷敢有越厥志？"

　　"王赫斯怒"引自《诗经·大雅·皇矣》，讲的是周文王抵抗周边国家侵略的事情；"天降下民"引自《尚书·泰誓》，是周武王伐纣时在三军面前发表的誓词。商纣王横行天下，欺压百姓，武王一看，怒发冲冠，决心讨伐商纣王，不让他再继续作恶。以上两件事迹的共同点在于：一怒而安天下之民。文王、武王一发脾气，安定了全天下的百姓。倘若齐宣王的"好勇"能到这种地步，天下百姓唯恐其不"好勇"了。

换言之，发动战争没有问题，但要发动正义的、为天下百姓除恶扬善的战争。这种大勇的背后，正是心系天下的大仁，本质上还是一种仁政。在小勇与大勇的转换之间，孟子的仁政论呼之欲出。

"好勇"的毛病解决了，齐宣王应该老老实实地行仁政了吧。他还没完，还有别的毛病。

wáng yuē   guǎ rén yǒu jí   guǎ rén hào huò
王曰："寡人有疾，寡人好货。"

"好"是喜好，"货"是财物，好货就是喜好财物，也就是贪财。贪财的人能不能行仁政呢？孟子说，可以！周朝的先王公刘，就很喜欢财物。

duì yuē   xī zhě gōng liú hào huò   shī yún   nǎi
对曰："昔者公刘好货，《诗》云：'乃
jī nǎi cāng   nǎi guǒ hóu liáng   yú tuó yú náng   sī jí
积乃仓，乃裹糇粮，于橐于囊。思戢
yòng guāng   gōng shǐ sī zhāng   gān gē qī yáng   yuán fāng qǐ
用光。弓矢斯张，干戈戚扬，爰方启

xíng　　gù jū zhě yǒu jī cāng　 xíng zhě yǒu guǒ náng yě
行。'故居者有积仓，行者有裹囊也，
rán hòu kě yǐ　 yuán fāng qǐ xíng　　 wáng rú hào huò　　 yǔ
然后可以'爰方启行'。王如好货，与
bǎi xìng tóng zhī　 yú wáng hé yǒu
百姓同之，于王何有？"

　　孟子搬出了《诗经·大雅·公刘》的句子，他指出，公刘也是个贪财之人，只不过，他不仅自己赚钱，而且带着全体百姓一起赚钱。在孟子看来，就像"勇"分为"小勇""大勇"一样，"好货"也是有差别的。如果国君一人独享财富，那叫横征暴敛、贪婪无度；但要是"与百姓同之"，有钱大家一起赚，这叫作共同富裕，这也是仁政的表现。

　　由此可见，贪财并不耽误齐宣公成为一个好的国君。儒家学者并不全盘否定挣钱，《礼记·大学》中就有"生财有大道"的说法。即使是坚持"义利之辩"的孟子，对于保证百姓之"恒产"，使之"有恒心"的"利"，也是十分重视的。民生问题可谓仁政的基础，一个与民同利、保障百姓安居乐业的国君，毫无疑问是可以行仁政的。

说到这儿，齐宣王还挺服气。本来自己有着这样那样的毛病，让孟子一开导，居然都可以转化为行仁政的条件。但是呢，齐宣王还有一个听起来更麻烦的毛病，是什么呢？

wáng yuē　　guǎ rén yǒu jí　　guǎ rén hào sè
王曰："寡人有疾，寡人好色。"

齐宣王说，我还有个毛病，就是喜欢女色。话说到这儿，已经有点接近于故意抬杠找碴了。但孟子还是很有耐心，他告诉齐宣王，好色也不是问题，周太王也挺好色的。

duì yuē　　xī zhě tài wáng hào sè　　ài jué fēi
对曰："昔者太王好色，爱厥妃。

shī　　yún　　gǔ gōng dǎn fǔ　　lái zhāo zǒu mǎ　　shuài
《诗》云：'古公亶父，来朝走马。率

xī shuǐ hǔ　　zhì yú qí xià　　yuán jí jiāng nǚ　　yù lái xū
西水浒，至于岐下。爰及姜女，聿来胥

yǔ　　dāng shì shí yě　　nèi wú yuàn nǚ　　wài wú kuàng fū
宇。'当是时也，内无怨女，外无旷夫。

wáng rú hào sè　　yǔ bǎi xìng tóng zhī　　yú wáng hé yǒu
王如好色，与百姓同之，于王何有？"

按照《诗经·大雅·绵》中的记载，周太王娶了一位非常美丽的妃子。他心里想，我的生活美满了，那么自己治下的小伙子们，也应该娶到他们心爱的姑娘；年轻的姑娘们，也应该拥有她们倾心的帅气小伙。好色之心人皆有之，将这一点满足了，就是"内无怨女，外无旷夫"。在这里，"怨女"是在家嫁不出去的女子，"旷夫"是游荡在外不得配偶的男子。想要做到一国男女各得其偶，是很不容易的，必须保证天下太平、人民安居乐业。倘若像战国诸侯一样连年发动战争，百姓转徙沟壑，这种"好色"是根本不可能实现的。所以，太王"与百姓同之"，这也是仁政的体现。

我们看到，面对齐宣王多次的逃避和推诿，孟子给出的解决方案就是一个"与百姓同之"，以百姓的利益为出发点。这个逻辑，就是《论语》中所说的"己欲立而立人，己欲达而达人""己所不欲，勿施于人"。自己想要有成就，就要让别人有成就；自己想要显达，就要让别人也显达；如果自己不愿意的事情，就不要强加在别人身上。一言以蔽之，就是"忠恕"之道。

在孟子看来，勇力、财富、美色，就像人与生俱来

的恻隐之心那样，都是人心中愿意追求的东西。身为国君，好勇、好货、好色都可以理解，但这种追求必须做到推己及人，让每一个人都能充分享受。能够做到这一点，就可以称得上仁爱了。孟子在向齐宣王介绍王道时，特别重视"推"的作用，"古之人所以大过人者，无他焉，善推其所为而已矣"。古代贤王能够实现尧舜之治，没有什么复杂的秘诀，只是把人性的善推广到国家政治层面罢了。勇力、财富、美色等也是如此，倘若能够在国家的保障之下，使人民充分享有追求这些的自由，一个仁爱、通达的治理体系，实际上就已经建立了。因此，孟子反复劝说齐宣王，将好勇、好货、好色推广开去，与百姓共享。推己及人，这是儒家仁爱之道的根本。

在以上的对话里，齐宣王逃避仁政的种种理由，经过孟子的转化，成了他不得不接受的行仁政的基本因素。这其中固然有孟子临场辩论的"话术"，但更深层的则是自孔子以来儒家学者一脉相承的深刻思想。孟子说："予岂好辩哉？予不得已也。"我是喜欢辩论吗？不，我是没办法。在《孟子》中，我们经常能够看到孟子的精彩辩论，为他高超的辩论技巧所折服。但这些辩论并不是像战国说客那样颠倒黑白、大言欺人的诡辩，而是将对人性、政治、社会的体察，寄寓在刚劲的言辞之中，从而揭示出儒家的理想之境。由此可见，孟子的"知言"，是在"善养浩然之气①"的基础上实现的。在巧妙的言辞背后，发掘其深刻的思想，也是我们今天品读《孟子》时所要关注的。

---

① 浩然之气指有志君子所表现出来的自信、自强、刚正、无所畏惧的精神。

知识 拓展

　　孟子是辩论大师，但他为什么说自己不喜欢辩论，只是不得已而为之呢？为什么孟子不得不去学习和掌握辩论技巧呢？

　　因为，春秋战国时期是个特别的时代，军事上战火纷飞，文化上精彩纷呈。每个有志之士都在积极地寻找结束乱世的方法，于是，有了百家争鸣的局面。大家纷纷阐明自己的观点，相互辩论，希望说服更多人接受自己的救世观点，劝说国君采纳自己的强国方案。在齐国的稷下学宫（中国最早的官办高等学府），这种辩论的场景，几乎每天都在诸子百家之间上演。

　　正是在这样的背景下，孟子要想实现自己拯救天下百姓的抱负，传播儒家的思想，就要善于辩论，去说服齐宣王这样的国君。

第六章

好人和坏蛋是天生的吗？

人性本善还是本恶，这是中国哲学史上的根本问题。通俗地说，好人和坏蛋是天生的吗？在这一章中，我们便会为你介绍孟子对人性问题的思考。

　　在我们熟悉的《三字经》中，头一句话就是"人之初，性本善"。其实，这句话的源头可以追溯到孟子。孟子的原话是这样的：

rén jiē yǒu bù rěn rén zhī xīn
人　皆　有　不　忍　人　之　心　。

　　与通常的"忍耐"意义不同，这里"忍"是残忍的意思。《左传》中楚国大夫子上对公子商臣（楚穆王①）

---

① 商臣是楚成王的儿子，公元前626年逼杀了他的父亲，夺得了皇位，被称为楚穆王。

的描述就是"蜂目而豺声①，忍人也"，意思是商臣的眼睛像蜂，声音似豺，是一个能狠下心来做不义之事的人，不能立为太子。孟子这里说的"不忍人之心"，赵岐《孟子章句》中解释说指的是"不忍加恶于人之心"。还记得齐宣王见到那头哆哆嗦嗦的大肥牛时，内心迸发的本能的柔软吗？在孟子看来，这种柔软的同情之心，是每一个人的本能。而且，这种本能具有推广、落实于社会政治的可能。孟子说：

xiān wáng yǒu bù rěn rén zhī xīn sī yǒu bù rěn rén zhī
先 王 有 不 忍 人 之 心 ， 斯 有 不 忍 人 之
zhèng yǐ yǐ bù rěn rén zhī xīn xíng bù rěn rén zhī zhèng
政 矣 。 以 不 忍 人 之 心 ， 行 不 忍 人 之 政 ，
zhì tiān xià kě yùn zhī zhǎng shàng
治 天 下 可 运 之 掌 上 。

　　这句话的意思是说，古代圣王能把不忍人之心落实到治国理政上，用不忍人之政来关怀百姓，这样治理天下，就好像在手掌上转球一样轻而易举。这句话非常重要，它将孟子思想中的两个重要概念——仁心和仁

---

① 这句话衍生出成语"蜂目豺声"，形容人相貌凶恶，声音可怕。

政——联系在一起。

那么，孟子为什么认为每个人都有这颗不忍人之心呢？对此，他没有讲那些大道理、大规矩，而是设置了一个生活情境，在故事中加以说明。

suǒ yǐ wèi rén jiē yǒu bù rěn rén zhī xīn zhě　jīn rén
所 以 谓 人 皆 有 不 忍 人 之 心 者， 今 人
zhà jiàn rú zǐ jiāng rù yú jǐng　jiē yǒu chù tì cè yǐn zhī xīn
乍 见 孺 子 将 入 于 井， 皆 有 怵 惕 恻 隐 之 心。

在这句话中，"乍"这个词十分关键。乍见，就是突然看见。人们突然看见一个小孩子，爬呀爬呀，快要掉进井里了。他的第一反应就是赶紧救人，心中不会经过复杂缜密的思考。也许他事后会想，这个小孩子从哪里来，刚刚救人其实也有点危险。但第一时间做出的救人举动，在刹那间不假思索的选择，正如瞬间的闪光般折射出人的本心本性。所以，整个情境的重心在于"乍"，在一个突发事件中洞悉人的恻隐之心。这种恻隐之心是无功利的，孟子进一步分析道：

fēi suǒ yǐ nà jiāo yú rú zǐ zhī fù mǔ yě   fēi suǒ
非所以内交于孺子之父母也，非所

yǐ yāo yù yú xiāng dǎng péng yǒu yě   fēi wù qí shēng ér
以要誉于乡党朋友也，非恶其声而

rán yě
然也。

在救这个小孩子的时候，人的内心想的不是借这个机会跟孩子的父母交朋友，让他们报答自己；也不是想通过这件事获得邻里朋友的赞誉，拿面小锦旗，当个小雷锋；更不是觉得这个小孩子哭闹的声音很吵，出于嫌恶才出手。我们在救人的时候，压根没想那么多，驱使我们行动的，就是自然而然的、发自生命深处的善的本能——我不能眼睁睁地看着一条生命在我面前消逝，仅此而已。孟子进而追问，当你遇到相似的情形时，心中有没有那种本能的触动、自然的怜悯？如果没有的话，那恐怕就是"非人哉"了。

yóu shì guān zhī   wú cè yǐn zhī xīn   fēi rén yě   wú
由是观之，无恻隐之心，非人也；无

xiū wù zhī xīn   fēi rén yě   wú cí ràng zhī xīn   fēi rén
羞恶之心，非人也；无辞让之心，非人

<ruby>也<rt>yě</rt></ruby>；<ruby>无<rt>wú</rt></ruby> <ruby>是<rt>shì</rt></ruby> <ruby>非<rt>fēi</rt></ruby> <ruby>之<rt>zhī</rt></ruby>

<ruby>心<rt>xīn</rt></ruby>，<ruby>非<rt>fēi</rt></ruby> <ruby>人<rt>rén</rt></ruby> <ruby>也<rt>yě</rt></ruby>。<ruby>恻<rt>cè</rt></ruby> <ruby>隐<rt>yǐn</rt></ruby> <ruby>之<rt>zhī</rt></ruby> <ruby>心<rt>xīn</rt></ruby>，<ruby>仁<rt>rén</rt></ruby>

<ruby>之<rt>zhī</rt></ruby> <ruby>端<rt>duān</rt></ruby> <ruby>也<rt>yě</rt></ruby>；<ruby>羞<rt>xiū</rt></ruby> <ruby>恶<rt>wù</rt></ruby> <ruby>之<rt>zhī</rt></ruby> <ruby>心<rt>xīn</rt></ruby>，<ruby>义<rt>yì</rt></ruby> <ruby>之<rt>zhī</rt></ruby> <ruby>端<rt>duān</rt></ruby> <ruby>也<rt>yě</rt></ruby>；<ruby>辞<rt>cí</rt></ruby>

<ruby>让<rt>ràng</rt></ruby> <ruby>之<rt>zhī</rt></ruby> <ruby>心<rt>xīn</rt></ruby>，<ruby>礼<rt>lǐ</rt></ruby> <ruby>之<rt>zhī</rt></ruby> <ruby>端<rt>duān</rt></ruby> <ruby>也<rt>yě</rt></ruby>；<ruby>是<rt>shì</rt></ruby> <ruby>非<rt>fēi</rt></ruby> <ruby>之<rt>zhī</rt></ruby> <ruby>心<rt>xīn</rt></ruby>，<ruby>智<rt>zhì</rt></ruby> <ruby>之<rt>zhī</rt></ruby>

<ruby>端<rt>duān</rt></ruby> <ruby>也<rt>yě</rt></ruby>。

　　这一段"四端说"非常有名，是孟子对性善论的集中表述。端，就是起点的意思，它早期的写法是"耑"，小篆中写作"耑"，就像一株小草的样子。许慎《说文解字》中对它的说解是这样的："物初生之题也。上象生形，下象其根也。"这个字的上半部分是小草的萌芽，中间一横代表大地，下面则是扎进大地中的

根。汉字用小草萌芽的鲜活意象，巧妙地记录了物之开端的词义。我们心中本能的恻隐之心，就像生命的萌芽一样，扎根在每个人的生命深处。而接下来，就要用自己后天的学习、修养不断浇灌它，使之成长为参天大树。仁、义、礼、智等种种优良的道德品质，从一开始就潜藏在人的内心，只待它们的萌芽充分成长。把善道安放在人的生命的最深处，是孟子思想的底色。

在孟子看来，尧舜之所以能够成为圣人，源自他们生命原初的善心。比如孟子最崇拜的偶像——舜，在小的时候，"与木石居，与鹿豕游"，跟树木、石头做邻居，和梅花鹿、小野猪做朋友，听起来颇有"人猿泰山"的感觉。舜"异于深山之野人者几希"，跟深山中的野人没有什么区别，但舜之所以能够成为大圣人，就在于他拥有善的萌芽，并加以细心培护。孟子对此有一个非常生动的描述：

及其闻一善言，见一善行，若决江河，沛然莫之能御也。

孟子说，舜性善的展开，就好像大江大河的决堤一样，"哗"地冲出去，漫山遍野，谁也拦不住。可以看到，作为儒家圣人的代表，舜在本质上与普通人是一样的，有着共同的本心本性。但圣人能够成圣的缘由在于，他们更善于培育自己善的萌芽，将其推广到方方面面，把个人的善转化为全天下的善，让人性的闪光铺展到太阳照耀下的每一个角落。把握人性，推拓本心，正是儒家之道的精髓。

在这一章中，孟子对"孺子将入于井"情境的创设，无疑是非常精彩的。就表达效果来说，这个情境十分贴近生活，容易引发读者的共鸣，一下子就让人知道，自己的的确确有这份恻隐之心。就好像我们看到萌萌的小猫、小狗、小兔子时，心中涌起怜爱之感那样，人性的光芒就在一瞬间闪耀。就思想传统来说，这种贴近生活的譬喻，背后正是思孟学派[①]"道不远人"思想的表现。《中庸》里说："君子之道，造端乎夫妇。及其至也，察乎天地。"君子所奉行的中庸之道发端于

_____

① 战国时期儒家的重要学派之一。思指孔子的孙子子思；孟指孟子。

夫妻百姓，等它达到最高境界时，便会彰显于天地之间。天地大道最终要落实到每个人的切身言行之中，这是思孟学派修养论的特质所在。"孺子将入于井"的切近生命、直击人心，与这种思想底色是密不可分的。

关于人性，古今中外不同的哲人都在进行思考。本书的主人公孟子相信人性本善，这位内心温柔的思想家，是性善论的坚定支持者。而同样出自儒门的荀子则观点不同，他是"性恶论"的支持者。

什么是"性恶论"呢？荀子认为人生下来和野兽是一样的，并不是那么纯真美好，人类的天性里都有好利、喜好声色等不好的一面。但这不代表一个人不能成为善良的人。只要通过社会规范和礼乐教化，人有了道德，就会和动物区别开来。

通过荀子的"性恶论"，我们就可以明白，为什么荀子认为王道也需要法律、需要制度、需要军队了。因为这些能够保障社会的运转，在人性作恶时，维护住王道，维护住善。

你认为人性本善还是人性本恶呢？

第七章

什么是真正的大丈夫？

什么是英雄？什么是大丈夫？一提到这两个词，我们脑海里首先想到的，或许是一个力大无穷的壮汉，横扫千军，人人畏惧。但在孟子眼中，大丈夫与肌肉、勇力这些外在标准无关。造就一个顶天立地的大丈夫的，是浩然长存的精神气概。"大丈夫精神"是孟子思想中非常重要的一部分，也是《孟子》中被引用最多、发挥最充分的文段之一。关于孟子对大丈夫的理解，我们要从他和弟子的一番对话说起。

　　孟子有一个弟子叫作景春。有一次，他向孟子说起了自己心中"大丈夫"的代表。

jǐng chūn yuē　　　gōng sūn yǎn
景 春 曰："公 孙 衍、

zhāng yí qǐ bù chéng dà zhàng fu zāi　　yí
张 仪 岂 不 诚 大 丈 夫 哉？一

nù ér zhūhóu jù　ān jū ér tiān xià xī
怒 而 诸 侯 惧 ， 安 居 而 天 下 熄 。"

　　景春说，我心里有两个偶像，能称得上大丈夫，一个是公孙衍，一个是张仪。关于公孙衍、张仪的事迹，集中记录在《史记·张仪列传》里。公孙衍是战国时期魏国人，主要活动时间在张仪之后，这里不多讲。张仪则是大家非常熟悉的战国人物，与苏秦齐名，是当时最有名的纵横家。纵横家是"九流十家[①]"之一，主要指从事政治外交活动的政治家、思想家们。有个成语叫作"纵横捭阖"，用来形容国际外交场合拉拢、分化别人的手段，这个成语就来源于纵横家。

　　为什么叫作纵横家呢？大家知道，战国七雄的分布大致是这样的：西边是强大的秦国，东边是占据齐鲁之地的齐国，中间自北到南分别是燕国、赵国、魏国、韩国、楚国。其中，秦国的实力最为强大，自秦

---

① 儒家、道家、阴阳家、法家、名家、墨家、纵横家、杂家、农家、小说家，一起被称为"十家"。"十家"中除去小说家，剩下九个被一起称为"九流"，一称"九家"。

孝公变法之后，一直是山东六国①的大患。在这样的形势下，产生了两种国家间的外交策略。第一种，把中间五国南北连成一道竖线，游说大家一起对付秦国，这叫合纵；第二种，替秦国去游说齐国，接着分化中原的诸侯，东西横着一条结成联盟，这叫连横。合纵连横，合称"纵横"，而从事合纵连横事业的政治人物，就被称作"纵横家"。

纵横家有什么特点呢？首先，他们身居高位，掌握着相当大的权力。比如，《史记》中记载"苏秦为从约长，并相六国"，苏秦同时兼任六个国家的相国；而公孙衍"入相秦，尝佩五国之相印，为约长"，挂着五国的相印，同样是非常显赫。这些人掌握着国家大权，左右着国君的决策，一言一行都会对国家间的局势产生重大影响。其次，纵横家的权力不是靠贵族继承来的，而是靠三寸不烂之舌说服国君，"忽悠"来的。张仪早年被怀疑偷了楚相的玉璧，被吊起来毒打了一顿，张仪的妻子笑话他，因为读书游说而挨打。张仪却张开嘴，

① 秦国要统一天下，就要越过崤山，吞并崤山以东的六个诸侯国。六国在崤山以东，合称为山东六国。

告诉妻子，只要我的舌头还在就够了。你看，纵横家求取功名利禄的工具，全凭一张嘴。为了获得权力，他们往往巧舌如簧、见风使舵，使出了各种没节操的手段。比如景春口中的张仪，就是一个特别善于忽悠人的大骗子。他为了断绝齐、楚两个大国之间的联系，骗楚怀王说要送给楚国商於地方的六百里地，条件是要楚国与齐国断交。楚怀王上当之后，张仪立马翻脸反悔，告诉楚怀王自己说的不过是方圆六里的土地。楚怀王勃然大怒，发兵攻秦，结果惨败，不仅没得到六百里的土地，反而又丢掉了两座城池。

从公孙衍、苏秦、张仪等纵横家的经历中，我们可以看到，这群人本质上是沽名钓誉、追名逐利之徒，品质都不怎么样。但他们的口才又特别好，往往几句话就能动摇国家间的关系。作为一股不可忽视的政治力量，纵横家颇受天下人的畏惧。"一怒而诸侯惧，安居而天下熄"，这句话并非空言。

景春说，公孙衍、张仪这帮人是大丈夫，依据的标准是地位和权力。能够左右天下的人，就力量上来说，确实是很可怕。但是呢，孟子恰恰看不上这些。孟子想要反问，这些人的地位与权力，究竟来自哪里？为了揭穿这些纵横之士的虚伪面貌，孟子打了一个有点讽刺意味的比喻。

mèng zǐ yuē　　shì yān dé wéi dà zhàng fu hū
孟子曰："是焉得为大丈夫乎？

zǐ wèi xué lǐ hū　　zhàng fū zhī guàn yě　　fù mìng
子未学礼乎？丈夫之冠也，父命

zhī　　nǚ zǐ zhī jià yě　　mǔ mìng zhī　　wǎng sòng zhī
之；女子之嫁也，母命之，往送之

mén　　jiè zhī yuē　　wǎng zhī rǔ jiā　　bì jìng bì
门，戒之曰：'往之女家，必敬必

jiè　　wú wéi fū zǐ　　yǐ shùn wéi zhèng zhě
戒，无违夫子！'以顺为正者，

qiè fù zhī dào yě
妾妇之道也。"

在古代，一个男子生命中最重
要的事情是行冠礼，二十
岁行过冠
礼，就

标志着他正式成为一个"社会人"，是一个顶天立地的男子汉了。对女子来说，一辈子最重要的事情则是嫁人。在那个重男轻女的时代，女子出嫁之后是要"从夫"的，做事要跟从丈夫的脚步。在女孩子出嫁离家的时候，母亲把女儿送到家门口，就得嘱咐几句：你要嫁到别人家去了，一定要谨慎谨慎再谨慎，千万不要违背丈夫的话。所以说，在古代好媳妇的标准是什么呢？要"以顺为正"，一切以温顺听话为标准。

在孟子看来，公孙衍、张仪这群人之所以能够获得"一怒而诸侯惧，安居而天下熄"的权力，从根本上来说，是因为他们特别听国君的话，善于通过迎合国君，从国君手里把权力"借"过来。就人格操守来说，他们缺乏一种顶天立地的人格操守。所以，哪怕他们权力再大，再能让别人畏惧，从本质上来说，更像是听国君话的"小媳妇"罢了，远远称不上大丈夫。

孟子的比喻带着那个年代重男轻女的色彩，今天看来肯定是不对的。但其中的道理值得深思，不管性别

如何，如果一个人缺乏独立人格，靠献媚他人而获利的话，无论如何也不能被称作顶天立地的大丈夫。接下来，孟子说了一番很有气势的话，揭示了他心目中大丈夫精神的实质。

居天下之广居，立天下之正位，行天下之大道。得志与民由之，不得志独行其道。

所谓"广居"，指的是仁爱之道；所谓"正位"，指的是礼义之道；所谓"大道"，指的是先王之道。《孟子·离娄上》中说："仁，人之安宅也；义，人之正路也。"仁，是一个人精神得以安居的房子；义，是一个人最正确的道路。《孟子·尽心上》中说："居仁由义，大人之事备矣。"居住在仁爱之中，行走在礼义之途，一个有人格的人的修养就都齐备了。一个大丈夫，应当胸怀广阔，行为端正，所行的每一件事情都合乎道义。这样的人，得到赏识、受重用的时候，能够与百姓一起分享君子之道，兼济天下；不被知遇之时，也能够始终不改变自己的追求，坚守理想，独善其身。

这就是大丈夫的处世之道！接下来，孟子还有一句千古名言：

fù guì bù néng yín　　pín jiàn bù néng yí　　wēi wǔ bù
富 贵 不 能 淫 ， 贫 贱 不 能 移 ， 威 武 不

néng qū　　cǐ zhī wèi dà zhàng fu
能 屈 。 此 之 谓 大 丈 夫 。

淫，是过度的意思。大丈夫在富贵的时候，富而不骄，始终保有君子的品行，绝不过度放纵自己。在贫贱的时候，尽管生活潦倒、地位低下，但君子固穷、安贫乐道，绝不轻易摇摆，改变自己的志向。在面对强权时，无论对方多么威武可怖，大丈夫绝不低三下四，不会屈服于对方做软骨头。富贵、贫贱、威武，尽管情况大有不同，但大丈夫内心坚定坦然、昂扬不屈的操守永远不会改变。

孔子在《论语》中有一句很有分量的话："岁寒，然后知松柏之后凋也。"在生机勃勃的春夏之际，万物

竞发，各有生机；但到了天寒地冻、草木凋零的冬天，才知道松树和柏树是常青后凋的。大丈夫就应该像松柏一样，在各种各样的诱惑与挑战中挺直不屈、堂堂正正。

这一章通读下来，实在有一种酣畅淋漓的感觉。孟子使用了大量的排比句式，整齐铿锵，滚滚而来，与文中奋发昂扬的大丈夫精神正相匹配。唐代古文运动的先驱人物柳冕有云："夫君子之儒，必有其道，有其道必有其文。[①]"意思是说，君子践行儒家思想，心中有大道，就会有雄文。就孟子来说，高明博厚的大道与华采勃发的文字是相统一的。大道需雄文，雄文配大道，正如《文心雕龙·原道》中所说的"心生而言立，言立而文明"，心中有了好的思想情感，就能产生好的语言，有了好的语言，就会生发好的文章。这句话用来形容《孟子》之文，是非常恰当的。

[①] 出自《答荆南裴尚书论文书》。

不为个人功业利益，而以天下为己任，孟子倡导的"大丈夫精神"让人不禁燃起热血。儒家"修身、齐家、治国、平天下"的名句，不知影响了后代多少人。

秉公直言、赴北戍边，"先天下之忧而忧，后天下之乐而乐"的范仲淹是大丈夫。

为国征战，却被奸臣秦桧害死，写下"壮志饥餐胡虏（lǔ）肉，笑谈渴饮匈奴血。待从头、收拾旧山河，朝天阙"的岳飞是大丈夫。

虽出身青楼营妓，但随丈夫忠勇抗金的梁红玉，是大丈夫。

⋯⋯⋯⋯⋯

无论身份，无论性别，无论长幼，他们心中都有万民与国，他们都是顶天立地的铮铮铁骨。

第八章

虚荣与谎言的背后是什么呢？

在战国时期，齐国人的浮夸与虚荣是出了名的。比如，因推演出"大九州"理论，把世界摹画得天花乱坠而被称为"谈天衍"的邹衍就是齐国人；记载着"抟扶摇而上者九万里"的大鹏的《齐谐》是齐国的书；至于那些荒唐无据的话，被孟子称为"齐东野人之语^①"。这一章的主人公，正是《孟子》里记录的一个爱慕虚荣、谎话连篇的齐国人。让我们看一看，孟子是用怎样诙谐、辛辣的笔调，来描绘这个齐国人的可笑行径的。

　　　qí rén yǒu yì qī yí qiè ér chǔ shì zhě　　qí liáng rén
　　齐 人 有 一 妻 一 妾 而 处 室 者 ，　其 良 人

---

① 衍生出成语"齐东野语"，比喻荒唐而没有根据的话。

chū   zé bì yàn jiǔ ròu ér hòu fǎn   qí qī wèn suǒ yǔ yǐn
出， 则必餍酒肉而后反。 其妻问所与饮

shí zhě   zé jìn fù guì yě
食者， 则尽富贵也。

　　有这么一个齐国人，他有一个妻、一个妾，三个人住在家里。"良人"，字面意思是好人，这是古代女子对丈夫的称谓。在妻子和小妾的眼里，她们的丈夫每天的生活模式是这样的：一大早出门，去享受大酒大肉，然后酒足饭饱地回到家。到家之后就跟自己的夫人们吹嘘：今天又有人请我吃饭了。一问名字，还都是大富大贵的人家。听丈夫这么一说，她们还挺骄傲的。你看，我们的丈夫是个有身份的体面人，我们真是嫁了个好人家。可时间一长，她们便觉得不对劲了。

qí qī gào qí qiè yuē   liáng rén chū   zé bì yàn jiǔ
其妻告其妾曰："良人出， 则必餍酒

ròu ér hòu fǎn   wèn qí yǔ yǐn shí zhě   jìn fù guì yě
肉而后反；问其与饮食者，尽富贵也，

ér wèi cháng yǒu xiǎn zhě lái   wú jiāng jiàn liáng rén zhī suǒ
而未尝有显者来，吾将瞷良人之所

zhī yě
之 也 。"

问题出在哪里呢？每次她们问："您今天跟谁吃饭
了？"丈夫总是得意扬扬地说："今天是某某将军，昨天
是某某大夫，都是了不得的人物。"但是呢，都说礼尚
往来，别人老请你吃饭，你也得回请别人吧。可为什
么咱们家里头，从来就没来过这些显要人士呢？

夫人们不知道丈夫说的是真是假，想要调查一番。
"瞯"是窥视的意思，引申有窥探之义。妻子自告奋勇
地站出来，决定第二天监视一下丈夫的行踪。

zǎo qǐ　　　yí cóng liáng rén zhī suǒ zhī　　biàn guó zhōng wú
蚤 起 ， 施 从 良 人 之 所 之 ， 遍 国 中 无
yǔ lì tán zhě
与 立 谈 者 。

"蚤"通"早"，这
在早期文献里是一个很
常见的通假字。"蚤起"
就是早起。《史记·项羽本

纪》里，项伯告诫刘邦："旦日不可不蚤自来谢项王。"这个"蚤"就是早的意思。妻子一大早起来，跟在丈夫之后出门了。在这里，孟子用了一个非常精妙的字"施"来描述妻子的动作。什么是"施"呢?《说文解字》中说，"施"的本义是旗子随风飘动的形状，风吹过来的时候，旗子随风飘舞，弯弯曲曲，像波浪一样。在《孟子》中，"施"就是弯弯曲曲，不走直道。在跟踪别人的时候，不能直直地尾随上去，很容易被人家发现。正确的跟踪方法是：左边晃晃，右边晃晃，再做点其他的动作来掩饰，行动路线一定是弯弯曲曲的。

这个妻子很聪明，采用了这样的盯梢方式，一直没被丈夫发现。在跟踪的这段路上，妻子越发觉得不对劲。自己的丈夫走在国都的大街上，没有一个人跟他说话，别人看他的眼神呢，也好像是鄙视而不是

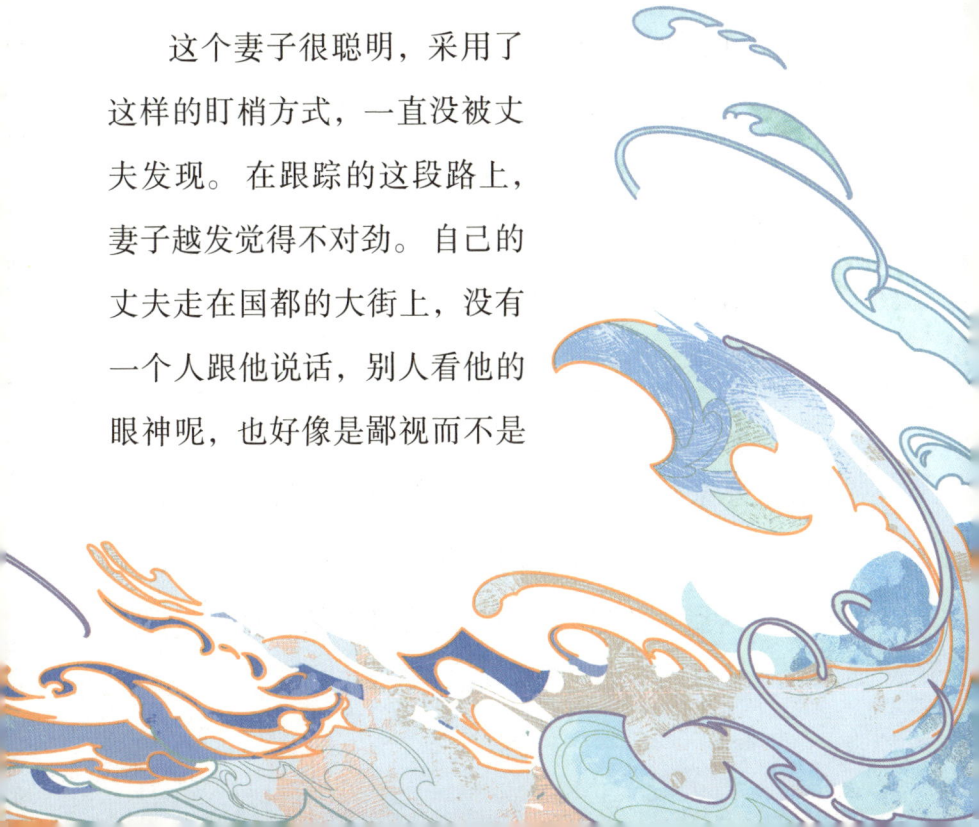

尊敬。如果真如他自己所说的那样，常常出入上流场所，结交之人尽是显达的话，怎么会一个搭理他的人都没有呢？这里头一定有问题！

zú zhī dōng guō fán jiān　　zhī jì zhě qǐ qí yú　　bù
卒 之 东 郭 墦 间 ， 之 祭 者 乞 其 余 ； 不

zú　　yòu gù ér zhī tā　　cǐ qí wéiyàn zú zhī dào yě
足 ， 又 顾 而 之 他 ， 此 其 为 餍 足 之 道 也 。

这位丈夫往前走呀走，走呀走，走出了城门，一直到了城东。城东是什么地方呢？《广雅·释丘》中说："墦，冢也。"这里是一片坟地。妻子就纳闷了：我这亲爱的丈夫，到坟地里来干什么呀？继续跟过去上前一看，好嘛！丈夫正在向上坟祭祀的人讨东西吃！古人祭祀的时候，往往会带着丰富的祭品来祭祀祖先，希望让祖先大饱口福。这个丈夫等别人祭祀完了，就过去要饭："求求您了，把祭祀剩下的祭品给我吃吧。"

人家一看，实在是太恶心了！我来祭祀祖先，你居然过来要祭品吃，成何体统！但对于要饭的，怎么也得打发一下，于是祭祀的人勉为其难地分了一点食物给他。这点东西当然不够，丈夫又左顾右盼，跑到下

一个正在举行祭祀仪式的坟头前，重复着卑微的乞讨："这位老爷行行好，给点吃的吧！"他就这样跟别人乞讨，直到填饱肚子为止。

原来，这就是他每天大吃大喝的方法！

妻子看到这样的场景，实在是太伤心了。本以为自己的丈夫是齐国的显贵之人，谁能想到实际情形却是在每天乞讨。于是，她伤心地跑回家。

<ruby>其<rt>qí</rt></ruby><ruby>妻<rt>qī</rt></ruby><ruby>归<rt>guī</rt></ruby>，<ruby>告<rt>gào</rt></ruby><ruby>其<rt>qí</rt></ruby><ruby>妾<rt>qiè</rt></ruby><ruby>曰<rt>yuē</rt></ruby>："<ruby>良<rt>liáng</rt></ruby><ruby>人<rt>rén</rt></ruby><ruby>者<rt>zhě</rt></ruby>，<ruby>所<rt>suǒ</rt></ruby><ruby>仰<rt>yǎng</rt></ruby><ruby>望<rt>wàng</rt></ruby><ruby>而<rt>ér</rt></ruby><ruby>终<rt>zhōng</rt></ruby><ruby>身<rt>shēn</rt></ruby><ruby>也<rt>yě</rt></ruby>。<ruby>今<rt>jīn</rt></ruby><ruby>若<rt>ruò</rt></ruby><ruby>此<rt>cǐ</rt></ruby>。"<ruby>与<rt>yǔ</rt></ruby><ruby>其<rt>qí</rt></ruby><ruby>妾<rt>qiè</rt></ruby><ruby>讪<rt>shàn</rt></ruby><ruby>其<rt>qí</rt></ruby><ruby>良<rt>liáng</rt></ruby><ruby>人<rt>rén</rt></ruby>，<ruby>而<rt>ér</rt></ruby><ruby>相<rt>xiāng</rt></ruby><ruby>泣<rt>qì</rt></ruby><ruby>于<rt>yú</rt></ruby><ruby>中<rt>zhōng</rt></ruby><ruby>庭<rt>tíng</rt></ruby>。

妻子先丈夫一步回到了家，小妾迎上来，问："姐姐，咱们这位良人是怎么回事呀？"妻子说："快别提了，我们的丈夫，本来是要指望着他过一辈子的，没承想居然是这个样子。"两个人在院子里抱头痛哭起来。在这里，"今若此"三个字掷地有声，胜过一切抱怨和谩骂，把妻子的失落和委屈描绘得淋漓尽致。她们从

丈夫的经历里，体会到了无尽的耻辱。自己的丈夫出卖人格来换取食物，最后还要用一连串谎言来掩盖过去，真让人羞愧啊！于是，两个人你一言我一语地吐槽起来。这时候，丈夫从外面回来了。

　　　ér liáng rén wèi zhī zhī yě　　　yí yí cóng wài lái　　jiāo qí
　　而 良 人 未 之 知 也， 施 施 从 外 来， 骄 其
qī qiè
妻 妾 。

　　这位丈夫还不知道自己已经露馅了，仍然和往常一样，挺着肚子，得意扬扬地从外面回来，继续按之前的那一套骄傲地吹嘘。这种虚荣的嘴脸，在实际情况的对照下，真是被描绘得入木三分。故事在这时蓦然而止，定格在了这个尴尬的瞬间。孟子的这一处理颇具戏剧性，就像果戈理的经典喜剧《钦差大臣》一样，假钦差大臣胡作非为一通之后，真的钦差大臣到了，于是在场的每一个人都面面相觑，戏剧也在冲突的高潮落幕。孟子的故事全文只有短短二百多个字，但无论是人物刻画、场景布置还是情节推动，都相当完整，真的像一出活灵活现的讽刺喜剧，把虚荣的齐国人、屈辱的

妻妾形象深深地刻进读者的脑海里，足见孟子文字运用的功力之深。

孟子讲这个故事的用意是什么呢？接下来，他笔锋一转，把故事的寓意和盘托出。

由君子观之，则人之所以求富贵利达者，其妻妾不羞也，而不相泣者，几希矣。

孟子说，在真正的君子看来，那些追求功名富贵的人，尽管自己觉得自己很了不起，但他们的妻妾恐怕还在家里哭呢。直白地说，这些人的行径就是在国君贵族那里乞讨。这一讽刺颇为辛辣，在战国时代，众多游士只追求富贵利禄、飞黄腾达。就像上一章提到的张仪、公孙衍那样。他们追逐利益名声，行事诡诈，搅动战争风云，牵连成千上万无辜人民的生命。不管他们是"并相六国"还是"一怒而诸侯惧"，在孟子看来，都不过是向国君乞讨的人。跟那位乞讨的齐国丈夫一样，来这儿乞讨完，又到那儿乞讨，完全丢弃了最基本的人格，连守在闺内的妻妾都比不上。

明白了这个道理，我们会更加钦佩孟子"富贵不能淫，贫贱不能移，威武不能屈"的大丈夫精神。在强权面前，孟子从不低头，他拒绝向统治者摇尾乞怜，而是大胆直率地表达了人民的呼声。在这种顶天立地的人格面前，那些丧失了骨气的读书人，难道不是卑微和可耻的吗？

齐人的寓言未必是真事，但孟子精彩的笔调、有力的讽刺，却真真切切地留在历史之中，展现出极强的文字魅力。在《孟子》中，有不少精彩的寓言。揠苗助长"芒芒然归"的宋人，左顾右盼"不专心致志"的弈秋之徒，面对齐王威压坚持"非其招不往"的虞人，都以精练隽永的语言刻画和生动精彩的人物形象，千百年来为人所传诵，凝聚为脍炙人口的成语典故。孟子的语言兼具哲学语言的思想性与文学语言的生动性，在战国诸子中，恐怕只有庄子的语言艺术能够与之媲美了。

据学者计算，《孟子》一文只有三万五千多字，出自它的成语却有二百多个。

好为人师、专心致志、赤子之心、夜以继日、自以为是、穷不失义、始作俑者、为富不仁、与民同乐、明察秋毫、心悦诚服、寡不敌众、见死不救、尽信书不如无书、安身立命、同流合污、事半功倍、地利人和……

除了上面的这些，你还知道哪些成语也出自《孟子》？

第九章

逆境如何帮助我们成长？

有这样一个问题，大家可以认真思考一下。顺境和逆境，哪一个更能帮助我们成长呢？有人说，我喜欢顺境，因为它提供了更好的条件，以及更平稳顺利的成长环境。也有人说，我喜欢逆境，因为它能够锻炼意志力，使自己更加顽强、更加坚韧。这两种看法各有道理。那么，孟子是如何看待这个问题的呢？我们来看一段《孟子》中非常经典的文字：

shùn fā yú quǎn mǔ zhī zhōng　　fù yuè jǔ yú bǎn zhù zhī
舜发于畎亩之中，傅说举于版筑之

jiān　　jiāo gé jǔ yú yú yán zhī zhōng　　guǎn yí wú jǔ yú shì
间，胶鬲举于鱼盐之中，管夷吾举于士，

sūn shū áo jǔ yú hǎi　　bǎi lǐ xī jǔ yú shì
孙叔敖举于海，百里奚举于市。

在这里，孟子如数家珍般地一口气报出了六位古人的名字。我们一个一个来看。

第一个，是上古的圣王舜。"畎"的意思是田间的小沟。在井田制下，田地以沟浍为界，所以畎亩就代指耕地。舜出身贫寒，是种地之人。相传他的母亲去世得早，他的老爹人称瞽（gǔ）叟，给他娶了一个后妈，生了一个叫象的弟弟。后妈和弟弟看舜特别不顺眼，想要把他杀死，这样象就可以独占全部的财产了。瞽叟也是个老糊涂，被这俩人说得昏头昏脑，也一起来谋害舜。有一次，舜的父母让他登上粮仓顶部去修仓库，结果舜刚上去，他们就把梯子给撤了，又在粮仓底下点了一把火，想要借势把舜烧死。幸亏舜早有准备，扯着两个斗笠，像鸟一样，呼扇呼扇飘下来了。还有一次，他们让舜去挖井，待舜下去之后，就从上面往下倒土，想要把舜活埋。这次舜还是留了个心眼，提前在井壁上打了个洞，从洞里爬回了地面。我们看到，舜不仅出身贫寒，更面临着被陷害、丢掉性命的危险。但也正是这种坎坷的境遇，磨砺了他的意志，使其最终成为大尧之后的一代圣王。

接下来是傅说。傅说是殷高宗武丁的宰相，辅佐武丁成就了伟大的事业。但最开始呢，傅说只不过是一个在服劳役的囚犯。所谓"版筑"，就是筑墙。古人筑墙的时候，先立起两块木板，中间填上土筑实，这样的工作叫作版筑。《史记·殷本纪》将武丁遇傅说的故事描绘得比较神奇："武丁夜梦得圣人，名曰说。以梦所见视群臣百吏，皆非也。于是乃使百工营求之野，得说于傅险中。"武丁梦见自己得到了一位叫作说的圣人，睡醒起来之后，审视了一遍群臣，发现都不是。于是发动手下的人在郊野进行寻找，最后在傅岩[1]这个地方找到了说。当时说身为一介平民，连自己的姓都没有，于是武丁用他所在的地方"傅"给他冠了姓。这段描述虽然比较离奇，但足以看出傅说出身寒微，不仅所在偏远，而且身份低下。不过，武丁没有因此看不起傅说，而是重用他，励精图治，最终开创了"武丁中兴"的大治。大诗人屈原在其千古名篇《离骚》里赞颂了这一盛事："说操筑于傅岩兮，武丁用而不疑。"

关于胶鬲的生平事迹，我们所知不多，可以确定的是，他是商纣王时期的一位贤臣。《孟子·公孙丑

---

[1]《史记》中为傅险，但应为傅岩。

上》中说："纣之去武丁未久也，其故家遗俗，流风善政，犹有存者；又有微子、微仲、王子比干、箕子、胶鬲，皆贤人也，相与辅相之，故久而后失之也。"这是说商纣王虽然暴虐无度，但是国家尚有武丁时期打下的底子，又有胶鬲等贤臣辅佐，因此没有那么快就迎来覆亡。这样一位匡扶社稷的贤臣，最早干的是卖盐的行当，身份也是比较低微的。

第四位管夷吾，就是中国历史上鼎鼎大名的管仲。关于他的功绩，用孔子的一句话概括就是："管仲相桓公，霸诸侯，一匡天下。"管仲给齐桓公当宰相，在他的辅佐下，齐桓公北击戎狄，南拒强楚，成了春秋五霸中的第一霸。不过，管仲的经历也很曲折。齐襄公被杀后，襄公的两位兄弟——公子纠和公子小白，一个从鲁国，一个从莒国，抢着跑回国内继承君位。管仲辅佐的是公子纠。两拨人在半路碰见了，管仲张弓搭箭，射向小白，所幸这一箭只是射中了小白衣带上的钩子，没有要他的命。后来小白率先回国即位，也就是齐桓公，管仲则因为站错了队，不幸沦为阶下囚。"管夷吾举于士"，"士"是古代主刑狱的官。齐桓公在管仲的昔日好友鲍叔牙的劝说下，把管仲从监狱里提了出来，命为国相，最终成就一番霸业。

接下来是孙叔敖，他是楚庄王时期的贤相。他最初住在僻陋的海边，据《荀子·非相》记载，他是期思这个地方的乡下人，后来得到举荐，破格提拔为楚国的令尹。孙叔敖的功绩主要是在楚国的内政方

面，在他的治理下，楚国"上下和合，世俗盛美，政缓禁止，吏无奸邪，盗贼不起①"，为楚庄王逐鹿中原奠定了良好的基础。孙叔敖在《荀子》《庄子》《吕氏春秋》等战国著作中被反复提及，用今天的话来说，是一位声名赫赫的政治家。但孙叔敖的出身，显然也不比前面几位好到哪里去。

最后这位百里奚，"举于市"，是从集市里被提拔的。不过，他倒不是一个卖菜的。百里奚最早是虞国的大臣，这个虞国，就是晋献公"假道伐虢"的受害者。虞国被晋国灭掉

---

① 出自《史记·循吏列传》。

后，百里奚被俘虏，作为奴隶被送到了秦国。后来他逃到楚国，被人抓住，囚禁在市场上。秦穆公早就听闻百里奚的才能，想要把他请过来重用，但又怕大张旗鼓地迎请百里奚，会导致他被人陷害，于是用五张羊皮把百里奚赎了回来，任命为大夫。有了这段故事，秦国人就给百里奚起了个有趣的绰号，叫作"五羖大夫"，也就是五张羊皮买来的大夫。百里奚治理秦国，非常成功，被李斯《谏逐客书》列为辅弼秦穆公称霸的五位重臣之一。

我们看到，上面的六个人，或是圣王，或是贤臣，但他们最初的出身，不是卑微贫贱，就是困苦艰难，或是二者兼而有之。也正是这样的贫苦出身，磨砺锻炼了他们的意志，使之成为引领一代的英杰。所以，孟子根据他们的事迹，得出了以下结论：

gù tiān jiāng jiàng dà rèn yú shì rén yě　　bì xiān kǔ qí xīn
故 天 将 降 大 任 于 是 人 也，　必 先 苦 其 心

zhì　　láo qí jīn gǔ　　è qí tǐ fū　　kòng fá qí shēn　　xíng
志，劳 其 筋 骨，饿 其 体 肤，空 乏 其 身，行

fú luàn qí suǒ wéi　　suǒ yǐ dòng xīn rěn xìng　　zēng yì qí suǒ
拂 乱 其 所 为，所 以 动 心 忍 性，曾 益 其 所

bù néng
不 能 。

　　这一段话极其著名，很多人都能出口成诵。孟子指出，上天要降大任给一个人，一定不会让他很轻易地完成这番事业，而是会让他内心痛苦、身体劳累，让他挨饿受穷，什么事都做不顺，最终在内心中激发出一种强大的力量，获得之前从来没有拥有过的能力。忍性，即使其性情坚韧，无论在怎样的处境下，都能保持自己的意志不动摇。由此可见，强大的人注定会走过一段凡人无法走过的坎坷逆境，忍受凡人无法忍受的挫折磨难。一个人如此，一个国家也如此。孟子接下来说：

rù zé wú fǎ jiā bì shì   chū zé wú dí guó wài huàn
入 则 无 法 家 拂 士 ， 出 则 无 敌 国 外 患
zhě   guóhéngwáng
者 ， 国 恒 亡 。

　　这里的"法家"不是指战国诸子的法家，而是指明法度的重臣。朱熹《四书章句集注》中说："法家，法

度之世臣也。"拂，是一个通假字，通"弼"，意为辅佐。一个国家，如果朝堂上没有能够直言批评皇帝的大臣，外面没有来自敌国的威胁，从皇帝到臣子就很容易觉得国家处在安全、祥和的时代，很容易开始享乐。最终，国家会因此走向衰落，甚至灭亡。李商隐《咏史》中的名句"历览前贤国与家，成由勤俭破由奢"，所讲的也是同样的道理，意思是说，纵览历史我们会发现，凡是贤明的国家，其成功都是由于自身勤俭有道，衰败都是因为开始享受奢华的生活。清朝曾经有过康乾盛世的辉煌，后来不就是因为沉迷于"天朝上国"的美梦，开始安于享乐，结果一步步走向了丧权辱国的命运吗？这样的历史教训，是应当被整个民族谨记的。在思考个人命运乃至国家历史后，孟子最终得出了一个掷地有声的结论：

rán hòu zhī shēng yú yōuhuàn ér sǐ yú ān lè yě
然 后 知 生 于 忧 患 而 死 于 安 乐 也 ①。

　　无论是个人还是国家，在无尽的忧患之中，都要不

---

① 衍生出成语"生于忧患，死于安乐"。

断磨砺自己，克服困难，由此获得新生的机遇；而在舒适与享乐之中，往往容易走向堕落和毁灭。孟子此处的语气斩钉截铁，极为坚决。在坚定的语气下，是深切的忧患意识。《周易·系辞下》中说："君子安而不忘危，存而不忘亡，治而不忘乱，是以身安而国家可保也。"君子在国家安宁之时，也要时刻保持忧患意识，避免被安逸所蒙蔽。在国家安定的时候不忘记败亡，在国家大治的时候不忘记变乱，只有这样，自身才会平安无事，国家也才能安定保全。这一道理，中华民族长久以来始终铭刻在心。

回顾这一段的论述，孟子"生于忧患而死于安乐"的结论铿锵有力，令人信服，这有两个重要原因。第一，他的举证十分充分，事实胜于雄辩，孟子连用六位古人的典故，一下子就建立起坚实的论据。第二，孟子议论的层次十分清晰，由古人到今人，由个人命运到国家历史，最终引出结论也非常自然。由此可见，扎实的举证与明确的思路是雄辩的基础，这也是《孟子》给我们带来的重要启示。

　　"天将降大任于是人也"影响了孟子之后的无数英豪，这句话是孟子说给天下人听的，其实也是说给自己听的。

　　孟子为了宣传儒家学说，一生奔走于齐国、宋国、滕国、邹国、鲁国、梁国等多个国家，与齐威王、滕文公、邹穆公、梁惠王、齐宣王等君主进行过交谈。他想救世，但追求仁政的儒家学说在那个时代被认为是空泛无用的。国君们敬他，却不用他。所以，他和孔子一样，一生在政治上并不得志。但就是因为"天将降大任于是人也"的自我激励，他一生逐梦，百折不挠。

第十章

浩然正气
如何修养？

孟子是一个注重修身的人，之前我们提到过，他推崇"富贵不能淫，贫贱不能移，威武不能屈"的大丈夫精神，面对权力的压迫，无所畏惧；面对人生的变故，矢志不移。这种大丈夫精神，是孟子游说诸侯无所惧怕的精神力量。而支撑这种力量的源泉，孟子将其称为"浩然之气"。作为孟子修身论的核心内容，浩然之气长期被后世文人学者津津乐道，并成为汉语中的一个常用成语"浩然正气"。南宋末年壮烈殉国的文天祥，其千古名篇《正气歌》的开篇即是"天地有正气，杂然赋流形。下则为河岳，上则为日星。于人曰浩然，沛乎塞苍冥"。通贯天地的正义之感磅礴而出。那么，究竟什么是浩然之气呢？孟子说：

qí wéi qì yě　　zhì dà zhì gāng　　yǐ zhí yǎng ér wú
其 为 气 也， 至 大 至 刚， 以 直 养 而 无

hài　　zé sè yú tiān dì zhī jiān　　qí wéi qì yě　　pèi yì yǔ
害， 则 塞 于 天 地 之 间。 其 为 气 也， 配 义 与

dào　　wú shì　　něi yě　　shì jí yì suǒ shēng zhě　　fēi yì
道。 无 是， 馁 也。 是 集 义 所 生 者， 非 义

xí ér qǔ zhī yě
袭 而 取 之 也。

浩然之气有两个特点，第一是大，贯通天地；第二是刚，有刚正的品质，就像《周易》中说"天行健，君子以自强不息"，蕴含着极其强大的力量。大家可以想一下，《水浒传》中拳打镇关西的鲁提辖，为了公平，为了正义，该出手时就出手，醋钵大的拳头唰地就抡了上去。"浩然之气"的物理体现，大概就是这种样子。还有一个成语叫作"正气凛然"，一个拥有浩然正气的人站在你面前，你全部的精神都集中到他身上，感到无限的严肃和敬畏。孟子给人的感觉，正是如此。

浩然之气是如何修养的呢？孟子以一个词加以概括：直养。所谓"直"，就是下面说的"义"与"道"，坚持以道义浇灌自身的浩然之气，不容许半点违心与虚伪。在这一过程中，"义"贯穿浩然之气，从心底毫无

阻碍地勃发出来，而不是通过外在的规约而强制达到。用道义涵养浩然之气，这是正面的讲法。除此之外，孟子还从反面立说，提醒修养应当避免两种毛病。哪两种呢？

第一种毛病，是太着急，一口气想吃成个大胖子。

bì yǒu shì yān ér wù zhèng　xīn wù wàng　wù zhù
必 有 事 焉 而 勿 正 ，心 勿 忘 ，勿 助

zhǎng yě
长 也 。

孟子说，修养这件事不能忘，但也不能人为助长。如果人为助长，就会造成"揠苗助长"的闹剧。

wú ruò sòng rén rán　sòng rén yǒu mǐn qí miáo zhī bù
无 若 宋 人 然 。宋 人 有 闵 其 苗 之 不

zhǎng ér yà zhī zhě　máng máng rán guī　wèi qí rén yuē
长 而 揠 之 者 ，芒 芒 然 归 ，谓 其 人 曰 ：

jīn rì bìng yǐ　yú zhù miáo zhǎng yǐ　qí zǐ qū ér
"今 日 病 矣 ，予 助 苗 长 矣 ！"其 子 趋 而

wǎng shì zhī　miáo zé gǎo yǐ
往 视 之 ，苗 则 槁 矣 。

"揠"就是"拔"的意思。有一个宋国人，瞅见自己家的小苗长得太慢，心里特别着急。眼看着自己的苗长不高，怎么办呢？他索性亲自上手，把自家禾苗都往上拔了一截，干了整整一天，累得眼冒金星。回家之后，得意扬扬地告诉家里人，今天我可累惨了！家里人问他你干吗了。宋人得意地说，我帮咱家的苗长个了。家里人听完这话，内心都崩溃了——拔苗助长，这不是疯了吗？他的儿子赶紧跑到地头一看，果不其然，拔出来的禾苗都枯死了。

孟子讲这则寓言故事，告诉我们修身要稳步渐进，而不能刻意促成。就好像有些学生常常"立flag①"，我要做个好学生，每天学习二十个小时！头悬梁，锥刺股，每天不看完十册书不睡觉！这种"励志"看似勇猛精进，但超出了正常学习生活的规律，是难以持久的。浩然之气的修养也是这样，不能鲁莽冒进，而在于持久，由习惯成自然。

另一种毛病呢，叫作"一暴十寒"。这里"暴"不

---

① 网络流行语，指说出一句振奋的话，结果往往与期望的相反。flag，原义是"旗帜""信号旗"的意思。

是"暴力"的"暴"，而应读作"pù"。暴从日，代表太阳，它的本义是阳光曝晒。这里用的正是"暴"造字时的本义。所谓一暴十寒，就是晒一天，冷十天，再好的种子都无法在这种环境下生长。修身也一样，今天修养一天，接下来散漫十天，那么这一天的修养也就化为乌有了。孟子讲了一个下棋的故事，来说明这个道理。

jīn fú yì zhī wéi shù　xiǎo shù yě　bù zhuān xīn zhì
今 夫 弈 之 为 数 ， 小 数 也 ； 不 专 心 致

zhì　zé bù dé yě　yì qiū　tōng guó zhī shàn yì zhě yě
志 ， 则 不 得 也 。 弈 秋 ， 通 国 之 善 弈 者 也 。

shǐ yì qiū huì èr rén yì　qí yì rén zhuān xīn zhì zhì　wéi
使 弈 秋 诲 二 人 弈 ， 其 一 人 专 心 致 志 ， 惟

yì qiū zhī wéi tīng　yì rén suī tīng zhī　yì xīn yǐ wéi yǒu
弈 秋 之 为 听 。 一 人 虽 听 之 ， 一 心 以 为 有

hóng hú jiāng zhì　sī yuán gōng zhuó ér shè zhī　suī yǔ zhī
鸿 鹄 将 至 ， 思 援 弓 缴 而 射 之 ， 虽 与 之

jù xué　fú ruò zhī yǐ　wèi shì qí zhì fú ruò yú
俱 学 ， 弗 若 之 矣 。 为 是 其 智 弗 若 与 ？

yuē　fēi rán yě
曰 ： 非 然 也 。

围棋，在今天看来是一项高雅的智力运动，在孟子生活的那个时代，则被视为无关大道的雕虫小技。可就是这种雕虫小技，如果不专心致志的话，也很难深入掌握。弈秋是全国下棋下得最好的人，他教两个徒弟下棋。其中一个全神贯注，牢牢听着弈秋说的每一句话；另一个徒弟，虽然师父的话进了耳朵，但心里只想着有大天鹅往这边飞过来，自己张弓搭箭把它射下来，弈秋的话顺着耳边直接溜走了。跟着同一个师父学习，想着射鸟的徒弟的棋力，远远比不上专心致志的那个徒弟。这是因为两个人的天赋和智力有差异吗？显然不是，只不过是专心致志和三心二意罢了。浩然之气的修养也是这样，时时努力就能保存，舍弃放纵则一丝不留。君子的修养一定要持之以恒，如果三天打鱼，两天晒网，甚至做出有悖道义的事情，之前的努力也就全作废了。

总结孟子的修养方法——不能太急，急则拔苗助长，徒劳无益；但也不能太懈怠，懈怠则一暴十寒，不进反退。以上两种倾向都不可取。我们看到，孟子所提倡的修养方法，始终遵循一个"中道"，避免过急、过缓两种偏颇，点滴积累，稳步向前。只有这样，才能稳健地培养自身的浩然之气，逐渐成为一个顶天立地的道德君子。这一道理，对于今天的学习、修养，仍然十分适用。

知识拓展

南宋时期，文天祥兵败被俘，被关押在元朝大都（今北京）。在狱中的三年里，虽然敌人对他各种威逼利诱，他却始终不曾屈服，还写下了名垂千古的《正气歌》。

从诗的名字就能看出，这首诗深受孟子浩然之气的影响。他认为，浩然之气是山川五岳，是日月星辰，蕴含在无数英豪的灵魂里：

在齐太史简，在晋董狐笔。

在秦张良椎，在汉苏武节。

为严将军头，为嵇侍中血。

为张睢阳齿，为颜常山舌。

或为辽东帽，清操厉冰雪。

或为出师表，鬼神泣壮烈。

或为渡江楫，慷慨吞胡羯。

或为击贼笏，逆竖头破裂。

是气所磅礴，凛烈万古存。

他用大量排比句，列举了历史上有浩然之气的英雄豪杰，几乎每一句都是一个典故和一段热血故事。你能从中读到哪一个英雄的身影，读到哪一段历史的瞬间呢？

第十一章

鱼与熊掌可以兼得吗？

我们的生活中，充满了各种各样的选择。选择了其中一项，往往意味着同时失去另外一项。这个时候，我们该如何做出自己的选择呢？我们来看一下孟子的办法。

《孟子》中有一段非常著名的话：

yú   wǒ suǒ yù yě   xióng zhǎng   yì wǒ suǒ yù yě
鱼，我所欲也；熊掌，亦我所欲也。

èr zhě bù kě dé jiān ①   shě yú ér qǔ xióngzhǎngzhě yě
二者不可得兼 ①，舍鱼而取熊掌者也。

孟子是个美食家。他说：鱼，我想吃；熊掌，我也想吃。但这两样东西不能兼得，二选其一，孟子选

---

① 衍生出成语"鱼与熊掌"，比喻难以兼得的事物。

择了熊掌，不吃鱼了。这样做的理由显而易见，熊掌相比于鱼来说，是更为罕见的美味。在春秋战国的时候，王公贵族对于吃熊掌有一种特殊偏好，《左传》中就有关于烹饪熊掌的记载。熊掌这种珍馐，烹饪起来费时费力，远非寻常人可以消费得起。所以，面对鱼和熊掌的抉择，孟子当然会选择熊掌了。

孟子为什么要举出鱼和熊掌的譬喻呢？当然不是想说自己对于美食有多么强的鉴赏力，也不是吹嘘说自己吃得起熊掌，而是要借着这个比喻，引出下面更深刻的道理：

生，亦我所欲也；义，亦我所欲也。
二者不可得兼，舍生而取义者也。

在这里，孟子借用了前文的句式，用"生"和"义"分别替换了鱼和熊掌。生命是我想要的，毕竟求生欲是人的本能；道义也是我想要的，做一个堂堂正正的君子也是我的追求。但当生命和道义之间发生矛盾的时候，孟子撂下了一句掷地有声、震彻千古的话：舍生而取义者也。**舍生取义**，宁可放弃生命，也要坚守道义。

用生命去捍卫道义，一直是儒家的坚定追求。《论语·卫灵公》中说："子曰：志士仁人，无求生以害仁，有杀身以成仁[①]。"生命的得失，在仁义存亡面前不再重要，志士仁人勇于为仁义付出自己的生命。《孟子·滕文公下》解释说："志士不忘在沟壑，勇士不忘丧其元。"赵岐《孟子章句》中说："志士，守义者也。君子固穷，故常念死无棺椁，没（mò）沟壑而不恨也。勇士，义勇者也。元，首也。以义则丧首不顾也。"志士和勇士，做好了长期固穷、坚守仁义的心理准备，可以随时为了道义付出自己的生命，死于沟壑之地，不得寿终正寝。

志士仁人并非不怕死亡，但他们心中有着更高远的追求，为了国家，为了社会，为了黎民苍生，他们甘愿将生命投入更崇高的事业中。孟子"舍生取义"的追求，成为影响千古的思想力量。遍览中国历史，无数志士仁人用生命践行了这一承诺。文天祥浩

---

① 衍生出成语"**杀身成仁**"。

气长存的"人生自古谁无死，留取丹心照汗青"，正是这种力量的宏伟写照。在国家民族的危难之际，孟子的这句名言以不同形式不断复现，真称得上中华民族的精神脊梁。

让我们对孟子的行迹做一个剪影，来综合展现孟子思想的底色。孟子在生命的大部分时间里，忙碌于周游列国，游说诸侯。在外人眼里，孟子的形象主要是一个游说者，一个辩论家。他无时无刻不

在辩论，与国君，与思想家，与其他的政客及游说者。他这样做，难免会招致非议，就连孟子的弟子也产生了疑惑："外人皆称夫子好辩，敢问何也？"您滔滔雄辩，四处出击，是不是真的为了辩论而辩论呢？

面对这一质疑，孟子的回答是："予岂好辩哉！予不得已也。"孟子说，我并非因为喜欢辩论而辩论，我是不得已而为之啊。这样一位大辩论家，驱使其辩论的关键因素居然是"不得已"——一种必须如此的无可奈何。这个"不得已"，正是理解孟子思想的关键所在。

我们翻开《史记》或《战国策》，可以看到，战国时期，正如其名，几乎没有哪一段时间是真正和平的。在这个战乱频仍的年代里，人民的生命像草芥一样随风飘荡，不知什么时候就会消逝。战争的规模直线上升，死亡数字从两三万、四五万，到七八万、十几万，再到长平之战竟然杀赵卒至四十余万，真可谓人间地狱！但这个时候的士大夫，或支持统治者的战争行为，像苏秦和张仪那样，用上万人的生命给自己腰间的相印添彩；或对人民生死漠不关心，只想保全自我，苟且偷生。民不聊生的惨状，毫无怜悯之心的统治者们，正是孟子所见的悲惨现实。因此，他反复地向国君陈述仁政，不是为了逞辩才，不是为了求仕禄，而是真真切切地为民请愿，用自己的词锋和思想，为老百姓争取一个生存的基本权利。在尖锐的辩论背后，是孟子温暖而柔软的恻隐之心，是孟子作为士人对天下、对百姓的责任。这种爱与责任，正是孟子的"不得已"之处。

　　孟子是一个敢于挺身而出的人，在他挺身而出的背后，有几种重要的精神力量。首先是恻隐之心。孟子将善良安放于人性的内在，让仁、义、礼、智不仅源自社会外在的规范，更源自一个人真实的本能与情感。孟子正是怀抱着这样一颗恻隐之心，观察他人、观察社会，体察万民的苦楚，为他们发声呐喊。其次是浩然正气与大丈夫精神。这是一种英雄的骨气，使他能够"说大人，则藐之"，不屈服于强权与诱惑，始终坚守自己的本心与使命。最后是一种对世界的责任感。作为一个担当天下重任的儒者，孟子的思想承载了厚重的历史感与使命感，"如欲平治天下，当今之世，舍我其谁也！"这一点始终根植在中国人的精神世界之中。

从《大学》的"修身、齐家、治国、平天下^①",到范仲淹《岳阳楼记》的"先天下之忧而忧,后天下之乐而乐^②",再到明清之际大儒顾炎武^③的"天下兴亡,匹夫有责",无不可见这种以天下为己任的责任心。人性本善,大丈夫精神,担当天下,这正是孟子思想塑造中国历史的最深远之处。儒家的精神与气象,可见于此。

---

① 原句为"身修而后家齐,家齐而后国治,国治而后天下平",意思是先要提高自身修养,然后处理好自家的事情,接着治理好国家,最后使天下太平安定。

② 把国家、民族的利益摆在首位。在天下人忧之前担忧,在天下人乐之后才快乐。

③ 原名顾绛。明朝灭亡,清兵入关,他立志抗清复明,以南宋文天祥的学生王炎午为做人榜样,改名顾炎武。

　　孟子舍生取义的观点来自孔子。孔子曾说:"志士仁人，无求生以害仁，有杀身以成仁。"意思是说，一个真正有志气的仁者，不会因自己贪生怕死就去做损害道义的事情，只会勇猛无畏，宁愿舍弃生命也要承担道义，这也是成语"杀身成仁"的来源。

孟子与孔子的不同想法

儒家的思想并非自创立之后就一成不变，不同的儒家弟子，对这个世界有不同的理解。孟子对孔子的思想并非只有继承，也有重要推进。

　　"礼"是我最主要的思想之一。我觉得现在这个世界不好了，乱了，就是因为礼崩乐坏，不像周朝时固守社会阶层和礼制了。如果天子、诸侯、大臣、百姓，都遵守周礼制度，安于本分，天子不昏庸，诸侯不谋逆，家庭里的丈夫、妻子都做好本分工作，那这个社会自然会井然有序。

　　我所在的时代，战乱更加频繁，尸横遍野，比孔子那时的更可怕。对我来说，周礼是个不太可能实现的梦。我关注的"礼"，没有孔子的那么宏大，而是芸芸众生要学习的礼。每个人都要发自内心地对人对事心怀敬意，恭敬有礼，内外兼修，表里如一。这样的话，这个社会会不会变好一点呢？

孟子呀，虽然我没有亲自教过你，但你是个好弟子。你对"礼"的看法，进一步拓展了儒家"礼"的思想，让它变得更加具象。未来中华文明倡导的礼乐文化，离不开你的思想。我对帝王也有一些看法，想和你交流一下。我觉得帝王之所以成为帝王，是上天的选择。但是，帝王要以德配位，像尧、舜、禹一样造福百姓。

孔子先生，相比于帝王，我更忧心百姓。说句可能有些"大逆不道"的话，我认为对一个国家来说，民为贵，社稷次之，君为轻。民贵君轻，老百姓远比国君重要。一个帝王应该施行仁政，以民为本，只有这样，国家才能长长久久，人民也才能安居乐业。